명심보감으로 배우는 어린이 인성

내가 잘못하면 왜 엄마가 혼나요?

명심보감으로 배우는 어린이 인성
내가 잘못하면 왜 엄마가 혼나요?

초판 1쇄 발행 2013년 10월 28일 | 초판 3쇄 발행 2014년 12월 10일
글쓴이 최영갑 | 그린이 이경택
펴낸이 홍 석 | 기획위원 채희석
편집부장 이정은 | 편집 김나영 | 디자인 송태규 | 마케팅 홍성우·김정혜·김화영
펴낸곳 도서출판 풀빛 | 등록 1979년 3월 6일 제 8-24호
주소 서울특별시 서대문구 북아현동 177-5 한일빌딩 3층
전화 02-363-5995 (영업) 02-362-8900 (편집) | 팩스 02-393-3858
전자우편 kids@pulbit.co.kr | 홈페이지 www.pulbit.co.kr

ⓒ최영갑, 2013

ISBN 978-89-7474-208-9 73190

이 도서의 국립중앙도서관 출판시도서목록(CIP)은 서지정보유통지원시스템 홈페이지(http://seoji.nl.go.kr)와
국가자료공동목록시스템(http://www.nl.go.kr/kolisnet)에서 이용하실 수 있습니다.(CIP제어번호: CIP2013019540)

* 지은이와 협의해 인지는 생략합니다.
* 책값은 뒤표지에 표시되어 있습니다.

명심보감으로 배우는
어린이 인성

내가 잘못하면
왜 엄마가
혼나요?

최영갑 글 | 이경택 그림

저자의 말

    사람에게 있어서 가장 중요한 것은 무엇일까요? 남보다 많이 배워서 좋은 직업을 갖는 것일까요? 몸이 고단하더라도 열심히 일해서 큰돈을 버는 것일까요? 아니면, 직업이나 돈에 연연하지 않고 그저 욕심 없이 편안하게 사는 것일까요? 직업이나 돈도 중요하지만, 사람에게 있어서 가장 중요한 것은 바로 마음이랍니다. 남들이 부러워하는 직업을 가지고 돈을 많이 벌더라도, 마음이 괴로우면 아무 소용이 없으니까요. 편안하게 사는 것도 다 마음이 편안해야 가능한 것입니다.

    마음만큼 중요한 것이 바로 육체입니다. 사람의 육체는 맛있는 음식을 원하고, 편안하게 쉴 수 있는 보금자리를 원합니다. 육체와 마음은 서로 떨어질 수 없지만, 육체를 이끄는 주인은 바로 마음입니다. 몸은 항상 마음이 시키는 대로 하기 때문에 우리는 마음을 맑고 아름답게 간직하려는 공부를 하고 이를 실천하는 생활 습관을 길러야 하는 것입니다.

    옛 선비들이 공부를 한 목적도 마음을 맑게 하기 위해서였습니다. 우리 선조들은 어려서부터 《명심보감》이라는 책을 읽으며 마음을 가다듬었고, 어른이 되어서도 맑은 마음을 유지하려고 노력했답니다. 《명심보감》은 한마디로 착한 행실을 통해서 마음을 맑게 하는 방법을 알려 주는 책입니다. 거울에 얼룩이 생기지 않도록 자주 닦아 주어야 하는 것처럼, 사람의 마음도 항상 맑게 유지하기 위해서 자주 닦아 주어야 하는 것입니다.

   이 책을 통해서 마음을 닦아야 하는 이유는 무엇이고, 또 어떻게 닦아야 하는지를 천천히 배웠으면 좋겠습니다. 아는 것을 몸으로 실천하는 것은 매우 중요한 일입니다. 이 책을 읽는 친구들이 《명심보감》의 가르침을 하나하나 배우고 실천하며 세상을 아름답게 만드는 훌륭한 어른으로 성장하기를 바랍니다.

2013년 10월

최 영 갑

목차

저자의 말 4
들어가는 말 8

1장 마음을 깨끗이 하자

하나, 착한 일을 하면 복이 온대요 18
둘, 착한 일은 목이 마를 때 물을 찾듯이 하자 24
셋, 거울을 닦듯이 마음을 닦아야지 30
넷, 세상의 선한 일을 다 할 수 있을까? 36

2장 감사한 마음을 지니자

하나, 원수를 맺지 말라 46
둘, 누구에게나 선하게 대하자 54
셋, 참을 줄 알아야 한다 62
넷, 매사에 감사하자 72

3장 선함을 실천하자

하나, 나의 나쁜 점을 말해 주는 사람이 스승이다 ····· 80
둘, 자식이 잘못하면 부모가 욕을 먹는다 ····· 86
셋, 겸손은 최고의 미덕 ····· 94
넷, 손님을 대할 때는 풍성하게 하자 ····· 100

4장 옳은 것을 실천하자

하나, 진정한 용기는 옳은 것을 실천하는 것 ····· 110
둘, 부지런하면 미래가 밝다 ····· 118
셋, 빈 그릇도 조심스럽게 ····· 124
넷, 분수를 지켜라 ····· 130

5장 좋은 사람을 사귀자

하나, 좋은 친구 사귀기 ····· 140
둘, 사람의 됨됨이를 쉽게 판단하지 말자 ····· 146
셋, 말 한마디로 천 냥 빚을 갚는다 ····· 154

명심보감은 어떤 책일까요?

　《명심보감》은 고려 시대, 어린이들의 인격 수양을 위해 중국 고전에서 교훈적인 말과 유명한 구절을 편집해서 만든 책입니다. '명심보감'이라는 말은 '마음을 맑게 하는 귀감'이라는 뜻으로 고려 시대의 학자 추적이라는 사람이 만들었습니다.
　우리나라에서는 주로 한문을 배우기 시작할 때 '천자문(千字文)'을 익힌 다음 《동몽선습》과 함께 《명심보감》을 기초 과정의 교재로 사용했습니다.
　이 책은 유교와 도교를 중심으로 한 옛 어른들의 지혜로운 말씀을 가려 뽑아서 만들었습니다. 공자의 말이 가장 많고, 강태공과 장자의 말이 그다음으로 많습니다.

명심보감은 어떻게 구성되었을까요?

《명심보감》은 19개의 이야기로 구성돼 있습니다. 앞부분에는 착한 행실과 마음을 맑게 하는 내용이 담겨 있고, 뒷부분에서는 자식을 교육시키는 것과 집안을 바르게 하고 나라를 다스리는 내용을 다루고 있습니다.

1편은 꾸준하게 선행을 하라는 계선(繼善), 2편은 하늘의 명령이라는 천명(天命), 3편은 하늘의 명령을 따른다는 순명(順命), 4편은 효행(孝行), 5편은 몸을 바르게 하는 정기(正己), 6편은 자신의 분수에 편안해야 한다는 안분(安分), 7편은 마음을 잘 보존하라는 존심(存心), 8편은 본성을 경계하라는 계성(戒性), 9편은 열심히 공부하라는 근학(勤學), 10편은 자식을 가르치는 훈자(訓子), 11편은 마음을 잘 살피라는 성심(省心), 12편은 교육을 바로 세우라는 입교(立敎), 13편은 나라를 다스리는 치정(治政), 14편은 집안을 다스리는 치가(治家), 15편은 정의에 편안하라는 안의(安義), 16편은 예를 실천하라는 준례(遵禮), 17편은 말을 조심하라는 언어(言語), 18편은 친구를 사귀는 교우(交友), 19편은 여인의 행실을 언급한 부행(婦行)입니다.

    이외에 판본에 따라서는 인과응보에 대한 가르침을 모은 증보편(增補篇), 효도에 대한 가르침을 노래로 지은 팔반가(八反歌), 우리나라의 효자들의 실화를 예로 든 속효행편(續孝行篇), 청렴과 의리를 강조한 염의편(廉義篇), 학문에 힘써 배우기를 권하는 권학편(勸學篇) 등이 붙어 있기도 합니다.

명심보감 에는 어떤 이야기가 담겨 있을까요?

《명심보감》은 어린 학생들을 위한 책이므로 어려서부터 배우고 익혀야 할 내용이 담겨 있습니다. 그 가운데 가장 중요한 것은 제목에서 말하는 것처럼 마음을 바르게 갖는 것입니다. 사람은 몸과 마음으로 구성되어 있지만 그중에서도 마음이 몸보다 중요합니다. 따라서 마음을 바르게 다잡으면 몸가짐도 바르게 되는 것입니다. 《명심보감》은 마음을 바르게 갖기 위한 방법과 내용을 담고 있습니다.

"선한 일을 한 사람에게는 하늘이 복으로 갚고, 악한 일을 한 사람에게는 하늘이 재앙으로 갚는다."

"하루라도 선한 일을 생각하지 않으면 모든 악이 저절로 일어난다."

"평생 선한 일을 해도 오히려 부족하고, 단 하루 동안 악한 일을 해도 악은 남는다."

"선한 일을 보았을 때 반드시 따라가면 세상의 선한 일을 다 할 수 있을 것이며, 허물이 있을 때 반드시 고친다면 온몸의 허물을 다 없앨 수 있을 것이다. 선을 따라가서 모두 선한 곳에 이르고, 허물을 고쳐서 허물이 없는 곳에 이르도록 해야 한다."

이처럼 《명심보감》은 착한 행실을 하는 것이 인간의 마땅한 도리이며, 악한 행실은 어떤 경우에서도 해서는 안 된다고 말하고 있습니다.

명심보감 어떻게 읽어야 할까요?

《명심보감》은 과거 조상들이 어렸을 때 배우던 책이므로 오늘날에 적용하기 힘든 내용들이 많습니다. 따라서 모든 내용을 그대로 배우는 것은 의미가 없습니다. 《명심보감》의 내용은 인간의 도리를 실천하는 것이므로, 큰 줄기를 먼저 알고 오늘날에 맞는 내용을 잘 엄선해서 배우는 것이 좋습니다.

이 책은 《명심보감》의 내용 가운데 현대의 어린이들이 배우고 익혀야 할 내용만을 선택해서 현대적으로 풀이했습니다. 선한 행실이 무엇인지, 어떻게 마음을 잘 보존해야 하는지, 집안과 나라를 다스리는 일은 어떻게 해야 하는지 등에 대한 성현들의 말을 기록한 것입니다. 따라서 책의 내용을 생각하고 또 생각하며 읽고 마음으로 받아들여야 합니다. 그런 다음에는 반드시 몸으로 실천할 수 있어야 합니다. 실천하지 않는 것은 알지 못하는 것과 같기 때문입니다.

이 책의 구성

1. 《명심보감》에 나오는 글 가운데 어린이 독자들이 알기 쉽고 이해하기 쉬운 내용을 선택해서 이야기 형식으로 만들었습니다.
2. 설명이 필요한 부분은 별도의 표시를 하여 이해를 돕도록 했습니다.
3. 더 배우기의 한문 문장은 《명심보감》의 원문을 풀어쓴 것입니다. 한문 공부를 함께 할 수 있도록 구성한 부분이므로 참고가 될 것입니다.
4. 더 배우기 부분에 《사자소학》을 덧붙였습니다. 《사자소학》은 사람이 반드시 배워서 지켜야 할 생활 규범을 네 글자로 정리해서 만든 책입니다. 우리 조상들이 서당에서 공부할 때 처음으로 배우던 책 가운데 하나입니다.

1장 마음을 깨끗이 하자

마음이란 사람의 몸을 움직이는 주인입니다. 몸이 제멋대로 행동하지 않도록 만드는 것이 바로 마음이니까요. 그런데 만약 마음이 깨끗하지 못하면 어떻게 될까요? 아마 행동도 깨끗하지 못할 것입니다. 더러운 거울이 사물을 잘 비추지 못하듯이, 사람의 마음도 맑지 못하면 사물을 바르게 보지 못합니다. 항상 마음을 깨끗하게 하기 위해서는 아무리 작은 것이라도 아는 것을 실천하는 자세가 필요합니다.

하나, 착한 일을 하면 복이 온대요

"얘들아, 우리 놀이터에 가서 놀자."

"그래, 좋아. 지금 갈까?"

윤아는 친구들과 함께 놀이터에 갔습니다.

미끄럼틀도 타고, 그네도 타며 친구들과 재미있게 놀던 윤아는 갑자기 정글짐 쪽을 쳐다봤습니다. 아이가 우는 소리가 들렸기 때문입니다.

"어, 윤아야, 너 어디 가?"

"아이가 다쳤나 봐. 빨리 가 보자."

정글짐을 올라타던 어린 아이가 아래로 떨어져서 울고 있었던 것입니다. 아이는 많이 놀라긴 했지만 다행히 크게 다친 곳은 없어 보였습니다.

"윤아야, 그냥 놔둬도 돼. 피가 나는 것도 아니잖아. 괜찮을 거야."

"아니야. 그래도 어린아이잖아."

친구들은 다친 아이와 윤아를 뒤로한 채 계속 놀았습니다. 윤아는 놀란 아이를 달래 주고, 옷에 묻은 먼지를 털어 주었습니다. 그때 아이의 엄마가 나타났습니다.

"수빈아, 어디 다친 데 없니? 아프진 않아?"

아이는 엄마를 보자마자 긴장이 풀렸는지 울음을 터뜨렸습니다.

"정글짐을 타다가 떨어진 것 같아요."

윤아가 말했습니다.

"그렇구나. 넌 이름이 뭐니?"

"저는 윤아라고 해요."

"응, 윤아야. 정말 고맙다. 어쩜 그렇게 마음이 착하니?"

"아니에요. 아이가 울면 누구나 그렇게 할 거예요."

"그렇지 않아. 저기 있는 아이들은 신경도 안 쓰고 있잖니."

아이의 엄마가 윤아의 친구들을 가리키며 말했습니다. 윤아는 왠지 멋쩍어서 머리를 긁었습니다.

"윤아야, 내가 고마워서 뭐라도 보답을 하고 싶은데……."

"아, 괜찮아요. 정말 신경쓰지 마세요."

"아니야. 그냥 가면 내 마음이 너무 불편할 것 같아서 그래. 여기서 조금만 기다릴래?"

아이의 엄마는 어느새 울음을 뚝 그친 아이의 손을 잡고 어디론가 향했습니다. 잠시 후, 아이의 엄마는 예쁜 필통을 손에 들고 왔습니다.

"문방구가 조금 멀어서 시간이 꽤 걸렸네. 자, 필통이야. 맘에 들지 모르겠다. 우리 수빈이 챙겨 줘서 정말 고마워."

"별일도 아닌데, 감사합니다."

뜻하지 않은 선물을 받은 윤아는 기쁜 마음으로 집으로 돌아왔습니다. 빨리 자랑하고 싶어서 현관문에 들어서자마자 엄마를 불렀습니다.

"엄마!"

"응, 엄마 여기 있어. 왜 그러니?"

"저, 깜짝 선물 받았어요."

"선물? 생일도 아닌데 웬 선물이니?"

윤아는 놀이터에서 있었던 일을 자세히 이야기했습니다.

"그래, 윤아가 아주 좋은 일을 했구나. 우리 윤아는 복 받을 거야."

"복을 받아요? 그런 일로 복을 받는다는 게 신기해요. 히히."

"옛날에 공자님께서 '착한 일을 하는 사람에게는 하늘이 복으로 보답하고, 악한 일을 하는 사람에게는 하늘이 재앙으로 보답한다.'라고 하셨단다. 착한 일을 한 네가 복을 받는 것은 당연하지."

"그래요? 그럼 매일매일 착한 일을 해야겠네요."

"그럼. 착한 일은 아무리 작은 것이라도 반드시 해야 하고, 악한 일은 아무리 작은 것이라도 절대 해서는 안 된단다."

"네. 엄마. 잘 알겠습니다."

윤아는 엄마의 말씀에 기분이 더욱 좋아졌습니다. 그리고 일기장에도 오늘 있었던 일을 썼습니다. 착한 일을 하면 좋은 일이 생긴다는 것을 윤아는 마음속 깊이 새겼습니다.

더 배우기

子曰, 爲善者, 天報之以福, 爲不善者, 天報之以禍.
자왈　위선자　천보지이복　위불선자　천보지이화

해석 공자가 말했다. "착한 일을 하는 사람에게는 하늘이 복으로 보답하고, 착하지 못한 일을 하는 사람에게는 하늘이 재앙으로 보답한다."

한자풀이

7급
子 아들 자, 여기서 '子'는 유교의 창시자인 공자(孔子)를 말한다.
不 아니 불, 天 하늘 천

6급
者 놈 자

5급
以 써 이, 福 복 복

4급
爲할 위, 報갚을 보

3급
曰가로 왈, 之갈 지, 禍재앙 화

사자소학 배우기

父母有命부모유명이어시든　　　부모님께서 명령하시면
俯首敬聽부수경청하라　　　　　머리를 숙이고 공경히 들어라.
坐命坐聽좌명좌청하고　　　　　앉아서 명령하시면 앉아서 듣고
立命立聽입명입청하라　　　　　서서 명령하시면 서서 들어라.

둘, 착한 일은 목이 마를 때 물을 찾듯이 하자

진구는 학교를 마치고 집에 오자마자 냉장고 문을 벌컥 열었습니다. 물병에 입을 대고 꿀꺽꿀꺽 소리가 나게 물을 마셨습니다.

"진구가 목이 많이 말랐나 보구나. 너무 급하게 마시지 말거라."

거실에 앉아서 신문을 보고 있던 할아버지가 말했습니다.

"네, 할아버지. 학교에서 친구들이랑 축구를 했더니 목이 너무 말라서요."

"그랬구나. 물도 잘못 마시면 체하는 법이란다. 그러니 항상 서두르지 말고 천천히 마시는 게 좋지."

진구는 할아버지 말씀을 듣고 물을 천천히 마셨습니다.

"할아버지, 저 친구들이랑 놀다 올게요."

"그래, 알았다. 차 조심하고."

진구는 다시 밖으로 달려 나갔습니다. 같은 반 친구인 인선이네 집에서 모이기로 했기 때문입니다. 열심히 길을 걷는데 골목길에서 웅성거리는 소리가 났습니다. 가던 길을 멈추고 슬쩍 골목길을 쳐다본 진구는 깜짝 놀랐습니다. 중학생으로 보이는 형들이 친구 순신이를 둘러싸고 있었던 것입니다. 순신이는 잔뜩 굳은 표정이었습니다.

"어! 무슨 일이지?"

진구는 혼자 중얼거리며 지켜봤습니다. 그런데 형들이 순신이의 가방을 뒤지는 것이었습니다. 진구는 겁이 나서 잽싸게 집으로 달려갔습니다.

"할아버지, 큰일 났어요. 빨리 와 보세요."

"진구야, 무슨 일인데 그렇게 호들갑이니?"

"빨리요. 지금 친구가 이상한 형들한테 괴롭힘을 당하고 있어요."

"뭐라고? 그런 못된 놈들이 있나? 빨리 가 보자!"

할아버지는 진구를 따라 골목길로 갔습니다. 그런데 나쁜 형들은 보이지 않고 순신이가 혼자 길에 주저앉아서 울고 있었습니다.

"무슨 일이니? 다친 데는 없어?"

할아버지는 주저앉은 순신이를 이리저리 살피며 물었습니다.

"순신아, 괜찮아?"

진구도 순신이를 일으켜 세우며 물었습니다.

"다친 데는 없어요. 그런데 이번 달 용돈을 다 빼앗겼어요."

순신이는 울먹이며 말했습니다.

"그래도 다치지 않았으니 다행이구나. 네가 아는 형들은 아니지?"

"네, 모르는 사람들이었어요."

"말로만 들었는데 그런 나쁜 애들이 있다니……. 많이 놀랐겠구나. 집이

어디니? 데려다 주마."

"집은 가까워요. 그런데 집에 아무도 없어요. 부모님은 출근하시고 저 혼자예요."

"그럼 우리 집으로 가자."

할아버지는 진구와 순신이를 데리고 집으로 왔습니다. 겁에 질린 순신이를 안심시키고, 부모님이 오실 때까지 함께 있어 주기로 했습니다.

진구는 아무 말 없이 순신이의 손을 잡았습니다. 위로의 말도 떠오르지 않았습니다. 그저 겁에 질린 순신이를 안심시키기 위해서는 그 방법이 가장 좋다고 여겼습니다. 사실 진구도 겁이 나기는 마찬가지였습니다. 진구는 인선이에게 사정이 생겨서 집에 갈 수 없게 됐다고 전화를 했습니다.

"얘들아, 뭐 하니?"

할아버지가 진구 방에 들어오면서 물었습니다.

"그냥 앉아 있어요."

"그래, 오늘 있었던 일이 자꾸 머리에 떠오르지?"

"네. 그런 일이 또 생길까 봐 겁나요."

진구가 말했습니다.

"전 이제 혼자 안 다닐래요."

순신이는 낮에 겪은 일 때문에 마음이 많이 다친 것 같았습니다.

"그래, 그런 일이 또 생기면 안 되지. 너희는 오늘 어떤 생각이 들었니?"

"나쁜 형들이에요. 왜 어린 동생을 괴롭혀요? 그런 사람들은 혼이 나야 해요."

진구는 화난 표정으로 말했습니다.

"네 말이 맞다. 나쁜 사람들이지. 그런데 나중에 너희도 커서 저렇게 되지 않을 수 있겠니?"

"할아버지도 참. 저희는 착한 사람이에요. 그런 나쁜 짓은 절대 안 한다고요."

순신이가 말했습니다.

"그럼 다행이구나. 사실 착한 일을 하는 사람도 많지만 가끔은 나쁜 일을 하는 사람도 있단다. 할아버지가 이야기를 하나 들려주마. 옛날에 강태공이라는 사람이 있었단다."

할아버지는 자연스럽게 옛날이야기를 꺼냈습니다.

"본래 이름은 강상인데 강태공으로 더 많이 알려진 인물이지. 강태공이 이런 말을 했단다."

착한 것을 보거든 목이 말라 물을 구하듯이 하고, 악한 것을 듣거든 귀머거리같이 못 들은 체하라.

착한 일은 모름지기 탐을 내고, 악한 일은 즐겨 하지 말아라.

할아버지는 이어서 말했습니다.

"진구가 축구를 하고 집에 왔을 때 목이 말랐지? 그때 어떻게 했지?"

"아, 냉장고에서 물을 꺼내서 마셨죠."

"그래, 목이 마르면 물을 찾는 것처럼 착한 것을 보면 그렇게 하라는 말이란다. 착한 일을 해야 할 때 그냥 지나치는 것은 목이 마를 때 물을 보고 지나치는 것과 같아요. 그리고 악한 일은 절대 따라하지 말아야 해요. 알겠지?"

"네. 잘 알겠습니다."

진구와 순신이가 함께 대답했습니다.

"오늘 형들이 순신이에게 했던 일은 아주 나쁜 일이란다. 다른 사람을 괴롭히면 절대 안 돼요. 형들이 너희에게 한 일이 나쁜 것인 줄 안다면 너희도 다른 사람을 괴롭히지 말아야겠지?"

"네, 전 중학교에 가도 힘없는 초등학생들을 괴롭히지 않을 거예요. 맹세해요."

순신이가 힘주어 대답했습니다.

셋, 거울을 닦듯이 마음을 닦아야지

"그런데 왜 그런 나쁜 일을 하죠?"
진구가 물었습니다.
"글쎄다. 뭐라고 쉽게 설명하기는 어렵지만 아마 마음이 깨끗하지 못해서 그럴 거야."
할아버지는 진구가 이해하기 쉽게 설명했습니다.
"마음이요? 그럼 마음이 깨끗해지려면 어떻게 해야 하는데요?"
진구가 말했습니다.
"너희가 공부를 하는 것도 모두 마음이 깨끗해지기 위한 것이란다. 그리고 옛날 선비들은 너희보다 더 열심히 마음을 깨끗하게 하기 위한 공부를 했어요."
"그래요? 저희들처럼 영어나 수학도 배웠나요?"
"허허! 녀석들. 그때는 지금과 달랐지. 영어나 수학은 배우지 않았지만,

한문을 배우는 사람이 많았고 수학과 비슷한 과목도 있었단다. 그런데 그런 공부보다 인격을 수양하는 공부를 더 많이 했지."

"인격 수양이요?"

순신이가 말했습니다.

"그래, 인격 수양이란 조금 전에 말했던 마음을 깨끗하게 하기 위한 공부란다. 사람은 누구나 착한 마음을 가지고 태어났지만 자라면서 점점 욕심이 생겨나게 된단다. 그 욕심을 조절할 줄 모르면 거울에 때가 끼는 것처럼 마음에도 때가 끼게 되는 거지. 그러면 깨끗한 마음은 숨어 버리고 나쁜 마음이 드러나게 되는 거야.

"아, 그렇군요. 그러니까 사람의 마음은 본래 거울같이 맑은 것이군요?"

진구가 말했습니다.

"아주 정확하게 이해했구나. 욕실에서 몸을 씻고 나면 거울에 물이 튀지?"

"네. 맞아요."

진구가 대답했습니다.

"만약 거울에 튄 물을 그대로 두면 어떻게 될까?"

"음, 아마 말라서 얼룩이 지겠죠."

순신이가 말했습니다.

"그래, 바로 그거란다. 거울에 얼룩이 생기면 맑은 거울이 더럽게 되지?"

"그럼요. 당연하죠."

진구와 순신이가 동시에 대답했습니다.

"그래서 얼룩을 없애기 위해 거울을 닦는 것처럼 마음에도 얼룩이 지면 닦아 주어야 하는데 그것이 바로 인격을 수양하는 것이란다."

"네, 할아버지. 조금은 알 것 같아요."
진구가 말했습니다.
"거울에 생기는 얼룩이 바로 욕심과 같은 것이라고 생각하면 이해하기 쉬울 거야. 거울은 누구나 맑은 것이라고 생각하지만 자세히 들여다보면 작은 얼룩이 많이 있지? 사람의 마음에도 얼룩이 많이 있단다. 그래서 매일 착한 일을 하고 착한 것을 생각하면서 마음의 얼룩을 없애야 하는 것이지."
진구와 순신이는 할아버지의 말씀을 귀담아 들었습니다.

더 배우기

太公曰, 見善如渴, 聞惡如聾.
태공왈 견선여갈 문악여롱

又曰, 善事須貪, 惡事莫樂.
우왈 선사수탐 악사막락

해석 강태공이 말했다. "착한 것을 보거든 목이 말라 물을 구하듯이 하고, 악한 것을 듣거든 귀머거리같이 못 들은 체하라." 또 말했다. "착한 일은 모름지기 탐을 내고, 악한 일은 즐겨 하지 말아라."

한자풀이

태공 太公 : 주(周)나라 초기의 현자로 성은 강(姜), 씨(氏)는 여(呂), 이름은 상(尙)이라고 한다. 일반적으로 강태공으로 불린다. 위수(渭水) 가에서 낚시질을 하다가 문왕(文王)에게 등용되었다. 문왕의 조부인 고공단보(古公亶父) 때부터 기다렸던 인물이기에 태공망(太公望)이라고도 한다.

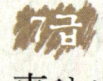

事 일 사

6급

太클 태, 公공평할 공, 聞들을 문

5급

見볼 견, 善착할 선, 惡악할 악

4급

如같을 여

3급

渴목마를 갈, 又또 우, 須모름지기 수, 貪탐할 탐, 莫말 막, 樂즐거울 락

1급

聾귀머거리 롱

사자소학 배우기

父母出入부모출입이어시든   부모님께서 출입하실 때는
每必起立매필기립하라   항상 반드시 일어나라.
父母衣服부모의복을   부모님의 의복을
勿踰勿踐물유물천하라   넘어 다니지도 말고 밟지도 말라.

넷, 세상의 선한 일을 다 할 수 있을까?

"엄마, 태권도 학원 다녀오겠습니다."
진구는 수업이 끝난 뒤 옷을 갈아입고 곧바로 태권도 학원에 갔습니다.
"그래, 차 조심하고."
엄마가 말했습니다.
"네, 걱정하지 마세요~."
진구는 학원에서 열심히 태권도를 배웠습니다. 수업이 모두 끝나고 아이들이 한자리에 모이자 관장님이 말했습니다.
"모두 수고 많았다. 오늘은 너희가 운동하는 이 공간을 깨끗이 정리하고 가도록 하자. 가끔 도장을 어지럽히고 집에 가기에만 바쁜 친구들이 있는데, 너희가 사용하는 장소니까 모두 힘을 합해 잘 정리하도록. 이상!"
"네! 알겠습니다!"
모두 우렁차게 대답했습니다. 관장님이 나가자 한동안 웅성거림이 이어졌습니다.

　진구도 큰 소리로 대답을 한 뒤 주변을 정리하기 시작했습니다. 그런데 얼마 지나지 않아서 친구 몇 명이 한쪽에서 시끄럽게 떠드는 것이었습니다.

　"왜 정리를 안 하고 저렇게 떠들고 있지?"

　진구는 속으로 중얼거렸습니다. 그리고 묵묵히 정리를 계속했습니다. 진구가 도장 안을 분주하게 이리저리 돌아다니며 정리를 하는 것을 보면서도 다른 친구들은 여전히 소리를 지르고 뛰어다니며 노는 것에만 열중하고 있었습니다.

　"그래, 나라도 해야지."

　진구는 다른 친구들을 원망하지 않고 정리를 더 열심히 했습니다. 정리를 모두 마치고 나자, 진구는 마음이 뿌듯했습니다. 그리고 싱글벙글 웃으면서 집으로 향했습니다.

　"우리 손주, 뭐가 그리 기분이 좋을까?"

　웃음이 가득한 진구의 얼굴을 보고 할머니가 물었습니다.

　"별거 아니에요, 할머니."

　할머니는 고개를 갸우뚱하며 엄마에게 말했습니다.

　"어멈아, 아무래도 쟤가 좀 이상하구나."

　"네? 진구가 뭐가 이상한데요, 어머님?"

　"싱글벙글 웃기만 하고 아무 말을 안 하니까 알 수가 있어야지."

　"그래요? 제가 한번 물어볼게요."

　"그러렴. 뭔가 좋은 일이 있는 것 같은데……."

　엄마와 할머니는 진구가 왜 그러는지 알 수가 없어서 몹시 궁금했습니

다. 엄마는 진구에게 물었습니다.

"진구야, 무슨 일인데 할머니께서 궁금해하시니?"

"아무 일도 없는데 제가 웃고 다녀서 그런가 봐요."

"무슨 좋은 일이라도 있니? 왜 그렇게 기분이 좋아?"

"히히, 저도 잘 모르겠어요. 그냥 기분이 좋아서 웃음이 막 나와요."

"태권도 학원에서 무슨 일 있었니? 관장님이 칭찬을 하셨다거나."

"아니요, 그런 거 없어요."

진구는 자신이 태권도 학원에서 한 일을 말하지 않았습니다. 별일이 아니라고 여겼기 때문입니다. 아버지가 퇴근하고 집에 오셨을 때도 진구는 여전히 기분이 좋은 상태였습니다.

"진구는 오늘 기분이 좋은가 보구나."

"아빠도 제가 그렇게 보이세요?"

"그럼, 한눈에 알겠는걸."

"그냥 기분이 좋고 그래서 웃음이 나오고 그래요."

"그럼 거기엔 분명히 이유가 있을 거야."

진구는 아빠에게 태권도 학원에서 있었던 일을 이야기했습니다. 진구의 이야기를 듣고 아빠가 말했습니다.

"아빠가 보기에는 진구가 오늘 자신도 모르는 착한 일을 한 것 같구나."

"착한 일이요? 그게 뭔데요?"

"그건 바로 태권도장에서 혼자 정리 정돈을 다 한 거야. 네 자신도 알지 못하는 사이에 착한 일을 했고, 그 행동이 네 마음을 기쁘게 만든 거지. 그래서 저절로 웃음이 나온 거고. 어때, 아빠 생각이 맞지?"

"아빠가 그렇게 말씀하시니까 그런 것 같아요."

진구는 웃으며 고개를 끄덕였습니다.

"진구가 이제 착하고 좋은 일을 많이 할 수 있겠구나. 오늘 한 일은 아주 잘한 일이야. 아빠가 어렸을 때 할아버지께서 들려주신 이야기가 있단다. 조선 시대에 장현광이라는 선비가 있었는데 이름 앞에 붙는 호가 '여헌'이었지. 그래서 장여헌 선생이라고 부르기도 하는데 그분이 이렇게 말했단다."

선한 일을 보았을 때 반드시 따라가면 세상의 선한 일을 다 할 수 있을 것이다. 허물이 있을 때 반드시 고친다면 온몸의 허물을 다 없앨 수 있을 것이다. 선을 따라가서 모두 선한 데에 이르고, 허물을 고쳐서 허물이 없는 데에 이르도록 해야 한다.

아빠는 진구에게 조선 시대의 훌륭한 선비에 대해 말해 주었습니다.

"그런데 아빠, 어떻게 세상의 선한 일을 다 할 수 있어요? 너무 많아서 다 못 할 거 같은데 말이에요."

"너무 걱정하지 말렴. 네가 할 수 있는 것을 잘하면 되는 거지, 이 세상에 있는 착한 일을 모두 도맡아서 하라는 말은 아니란다. 다만 네가 할 수 있는 일인데도 그냥 보고 지나친다면 그것은 분명 잘못이지."

"아, 그렇군요~. 무슨 말인지 알겠어요."

"실수나 잘못도 마찬가지란다. 사람은 누구나 실수를 하지만 그것을 고치려고 노력하는 사람은 똑같은 실수를 반복하지 않거든. 대부분의 사람들은 허물을 갖고 있지만 이것 역시 고치려고 마음만 먹는다면 얼마든지 고칠 수 있을 거야. 그러니까 너도 착한 일을 하면서 동시에 너의 단점이나 허물도 고치려고 해 보렴. 그럼 지금보다 마음이 더 즐거울 거야."

"네, 잘 알겠습니다."

진구는 아빠의 자세한 설명을 듣고 더욱 힘이 났습니다. 자신도 알지 못하는 사이에 착한 일을 한다는 것이 마음을 맑고 즐겁게 만드는 일이라는 것도 알게 되었습니다.

더 배우기

張旅軒先生曰, 見善必遷, 則可以盡天下之善, 有過必改,
장여헌선생왈 견선필천 즉가이진천하지선 유과필개

則可以無一身之過. 遷善而至於盡善, 改過而至於無過.
즉가이무일신지과 천선이지어진선 개과이지어무과

해석 장여헌 선생이 말했다. "선한 일을 보았을 때 반드시 따라가면 세상의 선한 일을 다 할 수있을 것이다. 허물이 있을 때 반드시 고친다면 온 몸의 허물을 다 없앨 수 있을 것이다. 선을 따라가서 모두 선한 데에 이르고, 허물을 고쳐서 허물이 없는 데에 이르도록 해야 한다."

한자풀이

장여헌 張旅軒 : 조선 시대의 학자로 장현광 선생을 말함. 여헌은 그의 호.

8급
先먼저 선, 生날 생, 一한 일

7급
天하늘 천, 有있을 유

6급

身몸 신

5급

旅나그네 려, 見볼 견, 善착할 선, 必반드시 필, 則곧 즉/법칙 칙
可옳을 가, 以써 이, 過허물 과, 改고칠 개, 無없을 무

4급

張베풀 장, 盡다할 진, 至이를 지

3급

軒집 헌, 曰가로 왈, 遷옮길 천, 之갈 지, 而말이을 이, 於어조사 어

사자소학 배우기

口勿雜談구물잡담하고　　　　입으로는 잡담을 하지 말고
手勿雜戲수물잡희하라　　　　손으로는 장난을 하지 말라.
膝前勿坐슬전물좌하고　　　　부모님 무릎 앞에 앉지 말고
親面勿仰친면물앙하라　　　　부모님의 얼굴을 똑바로 쳐다보지 말라.

2장 감사한 마음을 지니자

세상에는 감사할 일이 참 많은데 평소에는 그런 생각을 잘 하지 않습니다. 가까이는 부모님과 형제들이 해 주는 모든 것이 감사하고, 주변 친구들과 이웃도 나에게 도움을 주는 사람들입니다. 하지만 고맙다는 말을 잘 하지 않고 지나치게 되는 경우가 많죠. 설령 나에게 나쁘게 대하는 사람이 있을지라도 똑같이 나쁘게 대하면 나도 나쁜 사람이 됩니다. 마음이 깨끗한 사람은 매사에 감사할 줄 압니다. 좋은 것도 나쁜 것도 모두 내 스승으로 생각하며 살아가야 합니다.

하나, 원수를 맺지 말라

진구는 아침부터 신이 났습니다. 오늘은 진구네 가족이 모두 놀이공원에 가는 날이기 때문입니다. 아침 일찍부터 설레는 마음으로 준비하던 진구는 아빠를 재촉했습니다.

"아빠, 빨리 준비하세요."

"그래, 알았다. 오늘을 아주 손꼽아 기다렸나 보구나?"

"그럼요. 얼마나 기다렸는데요. 누나도 마찬가지고요."

"아빠가 자주 데려가 주지 못해서 미안하다. 오늘은 타고 싶었던 놀이기구도 실컷 타고 맘껏 즐기렴."

"네, 그렇지 않아도 롤러코스터랑 바이킹 다섯 번씩 타는 게 목표예요. 헤헤."

온 가족이 함께 나들이를 가는 것은 하늘을 나는 것처럼 즐거운 일입니다. 윤아와 진구는 작은 가방을 메고 앞장섰습니다. 차를 타고 가는 동안에도 내내 들뜬 기분에 마음이 가라앉지 않았습니다.

"아빠, 저희들하고 같이 놀이기구 타실 거죠?"

윤아가 말했습니다.

"글쎄다. 아빠는 그런 거 별로 좋아하지 않아서……."

"아빠~, 그러지 말고 같이 타요."

진구가 아빠를 졸랐습니다.

"아범아, 오늘은 애들이랑 같이 놀아 주는 게 좋겠다."

할머니께서 말했습니다.

"네, 어머니. 알겠습니다."

놀이공원에 도착하자 사람들이 모두 줄을 서서 차례를 기다리고 있었습니다. 진구네 가족도 줄을 섰습니다. 사람도 많고 복잡했지만 윤아와 진구는 마냥 신이 날 뿐이었습니다.

"진구야, 우리 저거 타자!"

윤아는 아홉 대의 관람차가 벽면을 따라 도는 놀이기구를 가리키며 말했습니다.

"그래, 누나."

"그런데 너희 저거 무섭지 않니?"

할아버지가 물었습니다.

"무섭기는요~. 정말 재밌어요. 할아버지도 타실래요?"

진구가 싱글벙글 웃으며 말했습니다.

"아니다. 할아버지는 그냥 보기만 할게요."

"놀이공원에 와서 가만히 있으면 재미없잖아요."

"괜찮아요. 우린 너희가 즐겁게 노는 것만 봐도 좋단다."

할머니와 할아버지는 윤아와 진구가 즐거워하는 모습을 보며 흐뭇한 표정을 지었습니다. 그런데 갑자기 할아버지가 뭔가를 발견한 듯 눈을 크게 떴습니다.

"여보, 저기 저 사람 보여?"

"누구 말이에요?"

"저기 저 기둥 옆에 서 있는 사람 말이야."

"회색 옷 입은 사람 말이죠?"

"맞아요. 저 사람 생각 안 나? 예전에 살던 동네에서 철물점을 운영했던 이 씨잖아. 갑자기 돈이 필요하다고 해서 빌려줬더니, 갚지도 않고 하루아침에 가게를 정리했었지. 그 뒤론 못 봤고 말이야."

"정말 이 씨가 맞아요? 어디 가까이 가서 봐요."

할아버지와 할머니는 허둥지둥 기둥 옆으로 갔습니다. 할아버지 말대로 오래전에 돈을 빌려 가고 갚지 않은 그 사람이었습니다.

"여보게, 이 씨! 여기서 만나는구먼. 나 기억나지?"

이 씨는 할아버지를 보자 깜짝 놀라며 뒷걸음을 쳤습니다.

한편, 아무 것도 모르는 윤아와 진구는 놀이기구에만 빠져 있었습니다.

"애들아, 할머니랑 할아버지께서 어디 가셨니?"

놀이공원을 한 바퀴 돌고 온 엄마가 물었습니다.

"글쎄요. 저쪽으로 가시던데요."

윤아는 손으로 기둥 쪽을 가리키며 말했습니다.

"아버님, 왜 여기 계세요? 애들하고 같이 계시죠. 한참 찾았어요."

"어멈아, 마침 잘 왔다. 이 사람이 바로 옛날에 내 돈을 떼먹고 도망간 사람이야."

"네? 정말요? 그럼 이렇게 가만히 있으면 안 되죠. 경찰서로 가요."

이 씨는 할아버지 손을 잡고 미안한 표정으로 사과를 하고 있었습니다.

"사람이 어쩌면 그럴 수 있나? 내 돈 가지고 도망가서 그래, 부자 됐나?"

할아버지는 침착하게 말했습니다.

"아닙니다. 제가 정말 잘못했습니다. 그때는 제 형편이 너무 어려워서…… 해선 안 될 잘못을 했습니다. 용서해 주십시오."

"이것 보세요. 용서는 무슨 용서를 합니까? 잘못을 했으면 벌을 받아

야죠."

옆에서 팔짱을 끼고 지켜보던 아빠가 말했습니다.

"아범아, 조금만 참아라. 벌써 한참도 더 지난 일이란다. 하지만 잘못된 것은 바로잡아야지."

할아버지는 한참 동안 이 씨와 이야기를 나누었습니다. 마침내 할아버지는 "이미 지난 일"이라며 이 씨를 용서해 주었습니다.

윤아와 진구는 회전목마도 타고 바이킹도 타고 롤러코스터도 타면서 시간이 어떻게 흐르는지도 몰랐습니다. 하루가 너무 빨리 지나가는 것 같아서 아쉬울 정도였습니다. 윤아와 진구는 피곤함도 잊은 채 놀다가 놀이공원이 문을 닫을 시간이 되자 다시 가족들과 만나서 집으로 돌아왔습니다. 집에 돌아오는 차 안에서 윤아는 할아버지에게 물었습니다.

"할아버지, 그런데 오늘 놀이공원에서 무슨 일 있었어요?"

할아버지는 그때서야 놀이공원에서 만난 이 씨에 대해 자세하게 얘기해 주었습니다. 그리고 윤아와 진구에게 말했습니다.

"《경행록》이라는 책을 보면 '은혜와 의리를 널리 베풀어라. 사람이 살다 보면 어느 곳에서든지 서로 만나지 않으랴? 원수와 원망을 맺지 말라. 길이 좁은 곳에서 만나면 피하기 어려운 것이니라.'라는 구절이 있단다."

"다른 사람과 원수가 되면 안 된다는 말이죠?"

윤아가 말했습니다.

"그럼. 어떤 사람과 원수가 되면 불안하지 않겠니? 언제 어디서 만날지 모르니까 인간관계를 맺을 때에는 항상 좋은 마음을 지녀야 한단다."

"네. 잘 알겠습니다. 그런데 어떻게 용서하셨어요?"

진구가 말했습니다.

"글쎄다. 용서하지 않으면 내 맘도 편하지 않을 것 같아서 그런 것 같구나. 허허."

"우와, 그럼 할아버지께서 은혜를 베푸신 거네요. 그렇죠?"

윤아가 말했습니다.

"다른 사람에게 은혜를 베푸는 일은 쉬운 일은 아니지. 하지만 누구나 마음만 먹는다면 할 수 있는 일이기도 하단다. 은혜는 아무리 작아도 반드시 베풀어야 하고, 원망은 작은 것이라도 남에게 받아서는 안 되는 것이거든."

할아버지가 덧붙였습니다.

더 배우기

景行錄曰, 恩義廣施.　人生何處, 不相逢.
경 행 록 왈　은 의 광 시　　인 생 하 처　불 상 봉

讐怨莫結.　路逢狹處, 難回避.
수 원 막 결　　로 봉 협 처　난 회 피

해석 《경행록》에서 말하였다. "은혜와 의리를 널리 베풀어라. 사람이 살다 보면 어느 곳에서든지 서로 만나지 않으랴? 원수와 원망을 맺지 말라. 길이 좁은 곳에서 만나면 피하기 어려운 것이니라."

한자풀이

경행록景行錄 : 송나라 때 만들어진 책이나 현재는 전하지 않고 있다.

8급
人 사람 인

6급
行 갈 행, 路 길 로

5급
景볕 경, 廣넓을 광, 相서로 상, 結맺을 결

4급
錄기록 록, 恩은혜 은, 義옳을 의, 施베풀 시, 處곳 처
怨원망할 원, 難어려울 난, 回돌 회, 避피할 피

3급
何어찌 하, 逢만날 봉

1급
讎원수 수, 狹좁을 협

사자소학 배우기

出必告之출필곡지하고	밖에 나갈 때에는 반드시 말씀드리고
反必面之반필면지하라	돌아오면 반드시 얼굴을 뵈어 드려라.
愼勿遠遊신물원유하고	부디 먼 곳에 가서 놀지 말며
遊必有方유필유방하라	놀 때는 반드시 일정한 장소에서 놀아라.

둘, 누구에게나 선하게 대하자

"얘들아, 우리 쟤하고 놀지 말자."

진구가 멀리 떨어져 있는 민호를 가리키며 다른 친구들에게 말했습니다.

"왜 갑자기? 민호랑 싸우기라도 했어?"

옆에 있던 순신이가 말했습니다.

"아니 그런 건 아닌데……. 난 그냥 민호가 싫어. 민호는 항상 자기밖에 모르잖아. 체육 시간 뒤에는 다들 더운데 교실에 있는 선풍기를 독차지하려고 하고, 급식 먹을 때도 종종 새치기를 하고 말이야. 다른 사람을 생각하는 마음이 별로 없는 것 같아. 안 그래?"

진구는 얼굴을 붉히며 말했습니다.

"음…… 나도 평소에 민호를 보면서 그렇게 느낀 적이 있긴 해. 하지만 친구니까 민호의 단점도 감싸 줘야 하지 않을까? 민호에게 직접 고치라고 말해 주는 방법도 있고 말이야."

순신이는 어른스럽게 진구를 설득했습니다. 하지만 진구는 좀처럼 마음이 열리지 않았습니다. 다른 친구들은 진구와 순신이의 말을 듣고 누구의 말을 따라야 할지 몰라서 어리둥절해 하고 있었습니다.

"알았어. 오늘은 순신이를 봐서 그냥 넘어갈게. 하지만 민호가 또다시 그렇게 행동하면 다시는 안 놀 거야."

진구는 순신이의 말을 따르기로 했습니다. 그리고 민호도 함께 껴서 신나게 놀았습니다.

"순신아, 우리 이제 그만 놀고 떡볶이 먹으러 가자. 배고프다."

진구가 배가 고픈 듯 얼굴을 찡그리며 말했습니다.

"그래, 그러자. 얘들아, 우리 떡볶이 먹으러 가자!"

진구는 친구들과 함께 학교 근처의 분식집으로 향했습니다.

"여기 떡볶이 5인분 주세요. 어묵 국물 많이 주시고요~."

주인 아주머니가 김이 모락모락 나는 떡볶이를 테이블 위에 놓자마자, 너도나도 할 것 없이 젓가락을 들고 열심히 떡볶이를 집어 먹었습니다.

"민호야, 너 그러다 체하겠다. 떡을 한 번에 세 개씩 먹으면 어떡하니?"

순신이가 허겁지겁 떡볶이를 먹는 민호를 보며 말했습니다.

"그래, 같이 먹는 건데 한 번에 한 개씩 먹어."

진구도 눈살을 찌푸리며 말했습니다.

"너희도 한 번에 세 개씩 먹으면 되잖아."

민호는 순신이와 진구의 말을 듣지 않고 자기 욕심만 채웠습니다. 그 순간 다른 친구들은 모두 기분이 나빠졌습니다.

"야, 다 먹었으면 그만 가자."

진구가 말했습니다.
"그래. 민호야, 그럼 내일 보자."
진구와 친구들은 분식집에 민호만 남겨 두고 나왔습니다.
"얘들아, 나도 같이 가~!"
민호도 허둥지둥 따라 나왔습니다. 하지만 친구들은 민호를 따돌리고 가 버렸습니다.
진구는 집에 들어오면서 툴툴거렸습니다.
"진구야, 학교에서 무슨 일 있었니?"
할아버지가 심상치 않은 표정의 진구를 보고 물었습니다.
"아뇨, 별일 아니에요."

진구는 할아버지에게 친구들과 있었던 일을 이야기하고 싶지 않았습니다.
"누나, 나 이제부터 민호랑 안 놀 거야."
진구가 누나에게 말했습니다.
"왜? 너 민호랑 친했잖아. 민호랑 싸우기라도 했니?"
윤아가 눈을 동그랗게 뜨며 물었습니다.
"민호는 항상 자기 생각만 해. 특히 같이 뭘 먹을 때 정말 짜증나. 좀 전에도 같이 떡볶이를 먹었는데 한 번에 세 개씩 허겁지겁 먹는 거야. 같이 먹는 건데 자기 욕심만 채우면 안 되잖아. 누군 더 많이 먹고 싶지 않나, 뭐."
진구는 친구들과 있었던 일을 누나에게 자세히 말했습니다.
"음, 우리 할아버지께 여쭤 보자. 그래도 친구잖아. 안 놀겠다고 하는 건 너무 심한 것 아닐까?"
진구도 고개를 끄덕였습니다. 진구는 할아버지에게 좀 전에 있었던 일을 털어놓았습니다.
"진구가 그래서 기분이 나빴구나?"
할아버지는 모든 상황을 이해할 수 있었습니다.
"사람은 누구나 이기적인 마음이 있을 수 있어요."
"이기적이라는 말이 무슨 뜻인데요?"
진구가 물었습니다.
"이기적이라는 말은 다른 사람을 배려하지 않고 자기 욕심만 채우는 것을 말한단다."
"네, 맞아요. 민호가 딱 그래요!"
진구는 할아버지가 하는 말에 귀를 기울였습니다.

"만약 하루 동안 아무것도 먹지 못한 다섯 명의 사람들에게 빵을 세 개만 준다면 어떻게 되겠니? 진구가 말해 보렴."

"서로 먹으려고 싸우면서 난리가 나지 않을까요?"

"사람은 다섯인데 빵은 세 개니까, 빵 세 개를 똑같이 5등분해서 먹으면 되지 않을까요? 한 명이 반드시 빵 한 개를 차지하고 먹으란 법은 없으니까요."

옆에 있던 윤아가 말했습니다.

"그래, 윤아가 좋은 방법을 말했구나. 하지만 배가 많이 고픈 사람들은 인내심이 부족하단다. 그래서 윤아처럼 좋은 방법을 생각하지 못해요. 이런 경우에 바로 남을 먼저 생각할 줄 아는 마음이 필요한 거야."

"그런데 할아버지 말씀하고 민호가 한 행동이 무슨 관련이 있어요?"

진구가 물었습니다.

"왜 관련이 없겠니. 민호가 자기 맘대로 행동하는 것은 남을 생각하지 않는 마음이고, 진구가 민호를 따돌리는 것도 역시 남을 배려하지 않는 마음 때문이란다."

"제가요? 저는 남을 배려하지 않은 적 없는데요?"

진구는 순간 발끈했습니다. 자기 자신도 민호와 같은 사람이라는 할아버지의 말에 기분이 나빠졌기 때문입니다.

"진구는 내 말이 듣기 싫은가 보구나? 기분 나쁘지?"

진구의 뽀로통한 얼굴을 보고 할아버지는 빙그레 미소를 지었습니다.

"할아버지가 옛날이야기 하나 해 주마. 옛날에 중국에 장자라는 사람이 있었어요. 그 사람이 이런 말을 했지."

나에게 착하게 하는 사람도 내가 또한 착하게 대하고, 나에게 악하게 하는 사람도 내가 또한 착하게 대해야 한다. 내가 이미 남에게 악하게 대하지 않으면 남도 나에게 악하게 할 수 없을 것이다.

"이 말은 어떤 사람에게라도 모두 착하게 대하라는 말이란다. 나한테 잘해 주는 사람에게만 착하게 대하고 나에게 잘 못하는 사람은 따돌리거나 함부로 대하는 경우가 많은데, 이런 것은 옳지 않아. 그러니까 민호가 비록 잘못을 했더라도, 진구가 잘 대해 주면 민호도 언젠가 바뀌지 않겠니? 할아버지는 틀림없이 그렇게 될 거라고 생각해요."

"무슨 말인지 알겠어요, 할아버지."

진구가 무언가를 곰곰이 생각하는 표정으로 대답했습니다.

"할아버지, 그런데 장자가 누구예요?"

옆에서 잠자코 듣고 있던 윤아가 물었습니다.

"장자는 중국의 고대 철학자란다. 장자는 억지로 꾸며진 것보다 자연 그대로의 것을 더 좋게 여겼지. 장자의 사상은 나중에 중·고등학교에서 자세히 배울 테니까 어렵다고 미리 겁먹지는 말렴."

"네! 할아버지!"

윤아와 진구는 할아버지가 들려준 이야기를 통해 사람을 어떻게 대해야 하는지에 대해서 다시 한 번 생각할 기회를 갖게 되었습니다.

더 배우기

莊子曰, 於我善者, 我亦善之, 於我惡者, 我亦善之.
장자왈 어아선자 아역선지 어아악자 아역선지

我旣於人, 無惡, 人能於我, 無惡哉.
아기어인 무악 인능어아 무악재

해석 장자가 말하였다. "나에게 착하게 하는 사람도 내가 또한 착하게 대하고, 나에게 악하게 하는 사람도 내가 또한 착하게 대해야 한다. 내가 이미 남에게 악하게 대하지 않으면 남도 나에게 악하게 할 수 없을 것이다."

한자풀이

7급
子 아들 자

6급
者 놈 자

5급
惡 악할 악/미워할 오, 能 능할 능

3급
莊장엄할 장, 我나 아, 亦또 역, 旣이미 기, 哉어조사 재

사자소학 배우기

侍坐親前시좌친전이어든　　부모님 앞에 앉을 때는
勿踞勿臥물거물와하라　　　걸터앉거나 눕지 말라.
獻物父母헌물부모어든　　　부모님께 물건을 드릴 때는
跪而進之궤이진지하라　　　꿇어앉아서 드려라.

셋, 참을 줄 알아야 한다

 윤아는 하굣길 내내 마음이 돌덩이처럼 무거웠습니다. 학교에서 친한 친구와 크게 싸웠기 때문입니다. 윤아는 현관문을 열자마자 땅이 꺼져라 한숨을 쉬며 엄마를 찾았습니다.
 "엄마, 오늘 학교에서 완전 최악이었어요. 내일 학교 안 갈래요."
 "응? 그게 무슨 말이니? 무슨 사고라도 있었니?"
 "친구랑 크게 싸워서 선생님께 엄청 혼났어요."
 엄마는 깜짝 놀랐지만 침착하게 말했습니다.
 "음, 큰일이 있었구나. 어쩌다 그랬어? 다친 데는 없고?"
 "전 괜찮은데……. 홧김에 친구를 밀쳐서 친구가 좀 다쳤어요."
 윤아는 고개를 숙이고 훌쩍거렸습니다.
 "아니, 얼마나 다쳤는데? 그 친구 부모님께서 많이 놀라셨겠다. 그 친구 집은 알고 있니?"

"네, 알고 있긴 한데……."

"그럼 엄마랑 같이 가자."

"지금요? 지금은 좀 그런데 나중에 가면 안 돼요?"

"안 돼. 이런 일일수록 빨리 해결해야 한단다. 게다가 그 친구가 다쳤으면 가서 정중하게 사과를 해야지. 자, 얼른 앞장서라."

엄마는 굳은 표정으로 말했습니다. 윤아는 하는 수 없이 엄마와 함께 집을 나섰습니다.

"너랑 싸운 그 친구 이름이 뭐니?"

"미정이요……. 김미정."

미정이네 집 앞에 도착한 엄마는 긴장한 얼굴로 초인종을 눌렀습니다. 잠시 후, 미정이 엄마가 나왔습니다.

"미정이 어머니, 안녕하세요? 저는 미정이와 한 반에서 공부하고 있는 윤아 엄마예요. 오늘 학교에서 윤아가 미정이랑 다퉜다고 해서요. 미정이가 다친 것 같아서 사과드리러 왔습니다."

엄마는 정중하게 고개를 숙이고 사과를 했습니다.

"아, 윤아 어머니시군요? 아이들이야 싸우면서 크는 거죠, 뭐. 우리 애도 크게 다친 건 아니니까 너무 걱정하지 마세요. 일단 들어오세요. 이렇게 오셨는데 제가 차라도 대접해야죠."

미정이 엄마의 친절한 반응에 윤아는 마음이 편해졌습니다. 곧이어 미정이가 거실로 나왔습니다. 윤아와 미정이는 누가 먼저랄 것도 없이 서로에게 사과를 했습니다. 윤아는 다치게 해서 미안하다고 했고, 미정이는 별것도 아닌 걸로 트집을 잡아서 미안하다고 했습니다. 그 모습을 지켜보던 윤아 엄마와 미정이 엄마는 빙그레 미소를 지었습니다.
 즐겁게 차를 마시고, 엄마와 윤아는 집으로 돌아왔습니다. 윤아는 엄마에게 미안한 마음이 들었습니다.
 "엄마, 미안해요. 나 때문에 괜히……."
 "괜찮아. 하지만 앞으로는 이런 일이 없도록 하자. 약속할 거지?"
 "네, 약속할게요!"
 그날 저녁, 아빠가 퇴근을 하자 엄마는 낮에 있었던 일을 모두 이야기했습니다. 아빠는 윤아와 진구를 불렀습니다.

"미안히

"오늘 윤아 마음이 많이 아팠겠구나?"

"아니에요. 다 제 잘못인데요."

"아무리 화가 나고 급한 일이 생겨도 참을 줄 알아야 한단다. 화가 날 때마다 참지 못하면 힘든 일만 생겨요. 예전에 할아버지께서 들려주신 이야기를 해 주마."

아빠는 온화한 얼굴로 말했습니다.

"동양의 성인 공자가 제자에게 해 준 말이란다."

공자의 제자 자장이 길을 떠나기 전에 스승인 공자에게 인사를 드리면서 말했다.

"몸을 닦는 가장 좋은 방법을 말씀해 주십시오."

"모든 행실의 근본은 참는 것이 제일이다."

"무엇 때문에 참아야 합니까?"

"천자가 참으면 나라에 해로움이 없고, 제후가 참으면 큰 것을 이루고, 벼슬아치가 참으면 지위가 올라가고, 형제가 참으면 집안이 부귀해지고, 부부가 참으면 평생을 함께 지낼 수 있고, 친구 사이에 서로 참으면 명예가 사라지지 않고, 스스로 참으면 재앙이 없게 된다."

"참지 않으면 어떻게 됩니까?"

"천자가 참지 않으면 나라를 잃게 되고, 제후가 참지 않으면 자기 몸을 잃어버리고, 벼슬아치가 참지 않으면 형벌에 의해 죽게 되고, 형제가 참지 않으면 각각 헤어져서 따로 살게 되고, 부부가 참지 않으면 자식이 외롭게 되고, 친구 사이에 참지 않으면 마음이 멀어지게 되고, 스스로 참지 않으면 걱정이 없어지지 않는다."

"참으로 좋고도 훌륭한 말씀입니다. 참는 것은 정말로 어려운 일인 것 같습니다. 사람이 아니면 참지 못할 것이요, 참지 못하면 사람이 아닌 것 같습니다."

아빠는 공자와 제자의 이야기를 통해서 참는 것이 얼마나 중요한지를 알려 주었습니다.

"어떠니? 이제 왜 참아야 하는지 알겠지?"

"네, 앞으로는 화가 나더라도 꾹 참을 거예요."

윤아는 아빠 앞에서 다짐했습니다.

"진구도 마찬가지예요. 특히 친구들과 함께 지낼 때 욱해서 싸우고 싶더라도 반드시 참을 줄 알아야 해."

친구들과 종종 다투곤 하는 진구는 아빠 말씀을 마음에 새겼습니다.

더 배우기

子張欲行, 辭於夫子, 願賜一言爲修身之美.
자장욕행 사어부자 원사일언위수신지미

子曰, 百行之本, 忍之爲上.
자왈 백행지본 인지위상

子張曰, 何爲忍之. 子曰, 天子忍之, 國無害, 諸侯忍之,
자장왈 하위인지 자왈 천자인지 국무해 제후인지
進其位, 兄弟忍之, 家富貴, 夫妻忍之, 終其世, 朋友忍之,
진기위 형제인지 가부귀 부처인지 종기세 붕우인지
名不廢, 自身忍之, 無禍害.
명불폐 자신인지 무화해

子張曰, 不忍則如何. 子曰, 天子不忍, 國空虛, 諸侯不忍,
자장왈 불인즉여하 자왈 천자불인 국공허 제후불인
喪其軀, 官吏不忍, 刑法誅, 兄弟不忍, 各分居, 夫妻不忍,
상기구 관리불인 형법주 형제불인 각분거 부처불인
令子孤, 朋友不忍, 情意疎, 自身不忍, 患不除.
영자고 붕우불인 정의소 자신불인 환부제

子張曰, 善哉善哉. 難忍難忍. 非人不忍, 不忍非人.
자장왈 선재선재 난인난인 비인불인 불인비인

해석 자장이 떠나고자 공자께 하직을 고하면서 말하였다. "원컨대 몸을 닦는 가장 아름다운 길을 말씀해 주십시오." 공자께서 말씀하셨다. "모든 행실의 근본은 참는 것이 으뜸이 되느니라." 자장이 말하였다. "어찌하면 참는 것이 됩니까?" 공자께서 말씀하셨다. "천자가 참으면 나라에 해로움이 없고, 제후가 참으면 큰 것을 이루고, 벼슬아치가 참으면 지위가 올라가고, 형제가 참으면 집안이 부귀해지고, 부부가 참으면 평생을 함께 지낼 수 있고, 친구끼리 참으면 이름이 없어지지 않고, 자신이 참으면 재앙이 없게 된다."

자장이 물었다. "참지 않으면 어떻게 됩니까?" 공자께서 말씀하셨다. "천자가 참지 않으면 나라가 공허하게 되고, 제후가 참지 않으면 그 몸을 잃어버리고, 벼슬아치가 참지 않으면 형법에 의하여 죽게 되고, 형제가 참지 않으면 각각 헤어져서 따로 살게 되고, 부부가 참지 않으면 자식을 외롭게 하게 되고, 친구끼리 참지 않으면 정의가 소원해지게 되고, 자신이 참지 않으면 근심이 없어지지 않는다." 자장이 말하였다. "참으로 좋고도 좋으신 말씀입니다. 참는 것은 정말로 어려운 일인 것 같습니다. 사람이 아니면 참지 못할 것이요, 참지 못하면 사람이 아닙니다."

한자풀이

자장子張 : B.C.503~?. 춘추 시대의 유학자로 공자의 제자. 이름은 사(師)이며, 자장은 그의 자이다.

8급
國나라 국, 兄맏 형, 弟아우 제
7급
夫지아비 부, 家집 가, 名이름 명, 空빌 공
6급
美아름다울 미, 本근본 본, 成이룰 성, 分나눌 분, 各각각 각, 意뜻 의
5급
願원할 원, 害해칠 해, 位자리 위, 貴귀할 귀, 終마칠 종, 友벗 우
法법 법, 令명령할 령, 情뜻 정, 患근심 환
4급
辭말씀 사, 修닦을 수, 官벼슬 관, 進나아갈 진, 富부유할 부, 虛빌 허
刑형벌 형, 孤외로울 고, 除덜 제, 難어려울 난
3급
欲하고자할 욕, 賜줄 사, 忍참을 인, 諸모두 제, 侯임금 후, 其그 기
吏아전 리, 妻아내 처, 朋벗 붕, 廢폐할 폐, 禍재앙 화, 喪잃을 상
疎성길 소
1급
軀몸 구, 誅벨 주

사자소학 배우기

若得美味약득미미어든 만약 맛있는 음식을 얻었을 때는
歸獻父母귀헌부모하라 돌아가 부모님께 드려라.
衣服雖惡의복수악이나 의복이 비록 나쁘더라도
與之必著여지필착하라 부모님께서 주시면 반드시 입어라.

넷, 매사에 감사하자

주말 아침, 오랜만에 가족들이 모두 한자리에 모여서 식사를 하게 되었습니다.
"아버님, 제가 주중에 바빠서 반찬에 신경을 많이 못 썼네요. 죄송해요."
"아니다, 괜찮다. 이 정도면 진수성찬이 따로 없구나. 아주 맛있고 좋다."
할아버지가 너털웃음을 지으며 말했습니다.
"엄마, 저도 평소보다 더 푸짐하고 좋은데요."
진구가 말했습니다.
"누가 너한테 말했니? 어른들이 말씀하실 때는 가만히 있는 거야."
윤아가 진구를 째려보며 말했습니다.
"녀석들, 밥상머리에서 또 싸우기냐? 얼른 밥이나 먹자."
"네."
모두 즐겁게 식사를 했습니다.

"잘 먹었습니다."
진구가 말했습니다.
"진구야, 그런데 밥그릇에 남은 게 뭐니?"
아빠가 말했습니다.
"다 먹은 건데요?"
진구는 아무렇지 않게 대답했습니다.
"아직 밥알이 그릇에 남아 있잖니. 밥은 항상 깨끗하게 먹어야지."
아빠는 진구의 밥그릇에 붙어 있는 밥알들을 보며 말했습니다.
"아빠도 참. 이 정도면 진짜 깨끗하게 먹은 거예요! 학교에서 급식 먹을 때 보면 우리 반에서 제가 급식 판을 가장 깨끗하게 비우는 사람이라고요. 다른 애들은 반찬과 밥을 욕심껏 푸고 절반도 먹지 않아요."
진구는 꼬박꼬박 말대꾸를 했습니다.
"그건 진구가 잘못 생각한 거란다. 아빠 말이 맞아요."
할아버지께서 말했습니다.
"비록 작은 밥알이지만 소중하게 생각할 줄 알아야 하는 거야. 매 끼니마다 남긴 밥알들이 일주일, 한 달, 일 년이 되면 얼마나 많은 양이 되겠니? 그렇게 버려지는 음식물 쓰레기가 환경오염의 주범이라는 사실을 잊으면 안 돼요."
아빠는 진구에게 충고를 했습니다.
"이 밥알 한 톨이 그렇게 큰 문제가 될 줄은 몰랐어요."
진구는 밥그릇에 붙은 밥알을 깨끗하게 싹싹 긁어 먹었습니다.
"조선의 마지막 황제인 고종 황제께서 이런 말씀을 하셨단다."

할아버지께서 말했습니다.

하나의 불티가 수많은 섶을 태울 수 있고, 반 마디 잘못된 말이 한평생의 덕을 그르친다. 몸에 한 벌 누더기를 입더라도 항상 베 짜는 여인의 노고를 생각하고, 하루 세 끼의 밥을 먹더라도 항상 농부의 고생을 생각하라.

"그런데 섶이 뭐예요?
윤아가 어리둥절한 표정으로 물었습니다.
"그래, 너희는 아마 잘 모를 거야. 섶이란 잎이 붙어 있는 땔나무나 잡목의 잔가지를 말하기도 하고, 혹은 잡풀 따위를 말린 땔나무를 말하는 것이기도 하단다."

할아버지의 설명이 이어졌습니다.

"농부가 쌀 한 알을 수확하기까지 여든여덟 번의 손이 가고, 일곱 되의 땀을 흘린다고 한단다. 모내기부터 추수까지 매우 긴 시간이 걸리거든. 그러니 작은 쌀 한 톨이라도 소중히 여기는 마음을 지녀야겠지?"

"아 그렇군요. 저는 그냥 마트에서 쌀을 사 오는 거라 생각했어요. 쌀이 어떻게 만들어지는지에 대해서는 미처 생각을 못 했네요."

진구가 능청을 떨며 말했습니다.

"농부가 없으면 쌀을 생산할 수 없고, 쌀이 없으면 우리 식탁 위에서 밥공기가 사라지게 될 거야. 아무리 맛있는 반찬이 많아도 밥이 없다면 한 끼 식사가 불가능하겠지? 그러니까 쌀 한 톨이라도 소중히 여기고, 쌀을 만들어 준 농부들에게도 감사하는 마음을 지녀야 하는 거란다. 이렇듯 세상에는 우리가 감사해야 할 사람들이 아주 많지. 밥을 먹거나 옷을 입을 때, 집에서 잠을 잘 때에도 항상 감사한 마음을 갖도록 노력하렴."

"네! 저도 이제부터 집에서나 학교에서나 밥을 남기지 않고, 항상 감사하는 마음을 갖도록 할게요!"

진구가 힘차게 말했습니다.

"자, 이제 아침을 먹었으니 후식으로 과일을 먹자꾸나."

아빠가 말했습니다.

"진구야, 엄마랑 같이 과일을 준비해 볼까?"

진구가 씻은 과일을 엄마는 예쁘게 깎았습니다. 윤아와 진구는 과일을 수확하기 위해 더운 여름에도 땀을 흘리며 일했을 농부들을 떠올리며 감사한 마음으로 과일을 먹었습니다.

더 배우기

高宗皇帝, 御製曰, 一星之火, 能燒萬頃之薪, 半句非言,
고종황제　어제왈　일성지화　능소만경지신　반구비언

誤損平生之德, 身被一縷, 常思織女之勞, 日食三飡,
오손평생지덕　신피일루　상사직녀지로　일식삼손

每念農夫之苦.
매념농부지고

해석 고종 황제가 어제에서 말했다. "하나의 불티가 수많은 섶을 태울 수 있고, 반 마디 잘못된 말이 한평생의 덕을 그르친다. 몸에 한 벌 누더기를 입더라도 항상 베 짜는 여인의 노고를 생각하고, 하루 세 끼의 밥을 먹더라도 매번 농부의 고생을 생각하라."

한자풀이

고종 황제 高宗皇帝 : 조선의 제26대 국왕으로, 대한 제국 초대 황제이다.

어제 御製 : 임금이 몸소 지은 글.

8급

火 불 화, 萬 일만 만, 女 여자 여

7급

平평평할 평, 每매양 매, 農농사 농

6급

高높을 고, 半반 반, 苦쓸 고

5급

能능할 능, 德덕 덕, 思생각 사, 勞수고로울 로, 念생각 념

4급

宗마루 종, 帝임금 제, 製지을 제, 星별 성, 句글귀 구, 誤그릇될 오
損덜 손, 常항상 상, 織짤 직

3급

皇임금 황, 御모실 어, 燒사를 소, 頃이랑 경, 被입을 피

1급

薪섶나무 신, 縷실 루, 飧저녁밥 손

사자소학 배우기

勿登高樹물등고수하라　　　높은 나무에 올라가지 말라.
父母憂之부모우지시니라　　부모님께서 근심하시느니라.
勿泳深淵물영심연하라　　　깊은 연못에서 헤엄치지 말라.
父母念之부모염지시니라　　부모님께서 걱정하시느니라.

3장 선함을 실천하자

옛날에 어떤 왕이 다스리던 나라가 멸망했는데, 그 이유는 선을 좋아하고 악을 미워했기 때문이라고 합니다. 그런데 선을 좋아하고 악을 미워하면 좋은 일인데 왜 망했을까요? 그것은 바로 선함을 알고도 실천하지 못했고, 악함을 알면서 제거하지 못했기 때문입니다. 아는 것은 반드시 실천으로 옮길 줄 알아야 하며 선한 것은 더더욱 남에게 미루지 말고 실천해야 하는 것입니다.

하나, 나의 나쁜 점을 말해 주는 사람이 스승이다

"아빠, 누나는 항상 저한테 잘못했다는 말만 해요."

진구가 심통이 난 표정으로 방에서 나오며 아빠에게 말했습니다.

"무슨 일인데 그러니? 누나는 너를 바르게 이끌어 주기 위해서 그런 말을 하는 거야. 설마 누나가 일부러 네게 상처 주려고 모진 말을 하겠어?"

"그래도 '칭찬은 고래도 춤추게 한다.'라는 말도 있잖아요. 매일 저의 단점을 지적하기보다 좋은 점을 칭찬해 주면 저도 기분이 좋을 텐데 누나는 정말 너무해요."

진구는 불만이 단단히 쌓인 것 같았습니다.

"누나가 무슨 말을 했는데 그러니?"

아빠가 물었습니다.

"조금 전에 제 방에 들어오더니 '돼지우리도 이것보다 깨끗하겠다!'라며 정리 좀 하라고 하잖아요. 안 그래도 정리하려고 했는데 누나가 저렇게 말하니까 기분이 나빠져서 갑자기 정리하기 싫어졌어요."

"음, 말을 좀 심하게 하긴 했지만 누나 말이 틀렸다고 보긴 힘들구나. 자기 방은 항상 깨끗하게 정리하는 게 맞아요."

아빠도 누나의 말을 옳다고 했습니다. 그때 윤아가 거실로 나왔습니다.

"거 봐, 아빠도 내 생각하고 같잖아. 네 방은 정말 더럽다니까?"

이 모습을 지켜보던 할아버지가 해결사로 나섰습니다.

"애들아, 뭘 그런 것을 가지고 다투니? 내가 해결해 주마."

"네, 할아버지. 도와주세요."

진구가 말했습니다.

"사람은 누구나 단점을 지적하는 것보다 장점을 칭찬하는 것을 좋아한단다. 그런데 계속 칭찬만 듣는 것이 좋을까? 잘하는 걸 인정받는 것도 중요하지만, 못하거나 부족한 점을 알고 고치는 것도 중요해요. 그러니 누군가 단점을 지적해 주면 '아, 나에게 그런 문제가 있었구나.' 하고 깨닫고 빨리 고치려는 노력을 하는 것이 좋지."

진구는 할아버지의 말씀에 귀를 기울였습니다.

"옛말에 이런 말이 있어요."

나의 좋은 점을 말하는 사람은 나를 해치는 사람이요,
나의 나쁜 점을 말하는 사람은 나의 스승이다.

"윤아와 진구는 무슨 뜻인지 알겠지?"

할아버지가 계속 말했습니다.

"네, 알아요."

윤아가 말했습니다.

"저도 알 것 같아요."

얼굴을 찌푸리고 있던 진구도 표정을 누그러뜨리며 말했습니다.

"그러니까 잘못을 지적하면 그 말을 잘 듣고 고치려고 노력해야 하는 것이란다. 그리고 잘못을 지적하는 사람의 태도도 중요해요. '너의 이러이러한 점이 난 정말 싫어!'라고 표현하기보다, '이런 점을 고치면 더 좋지 않을까?' 하는 식으로 상대방의 기분이 상하지 않도록 표현하는 것이 좋지."

할아버지의 말씀에 의기양양하던 윤아도 고개를 숙이고 대답했습니다.

"네, 할아버지. 저도 평소에 진구한테 말을 좀 심하게 했던 것 같아요."

"아냐, 내가 누나한테 짜증내고 삐쳐서 미안해. 앞으로는 누나가 먼저 지적하지 않도록 알아서 정리 잘하는 깔끔한 사람이 될 테야!"

진구도 반성했습니다.

"녀석들, 이제야 말귀를 알아듣는구나. 하나만 더 얘기해 주마."

할아버지가 말했습니다.

"《명심보감》이라는 책에 '귀로 남의 그릇됨을 듣지 말고, 눈으로 남의 단점을 보지 말고, 입으로 남의 허물을 말하지 말아야 군자다.'라는 구절이 나온단다. 남의 단점에 대해서 쉽게 말하지 말라는 뜻이지. 그러니까 앞으로는 단점을 보거든 좋은 말로 타이르거나 가르쳐 주도록 하렴."

"네, 잘 알겠습니다."

윤아는 할아버지의 말씀을 귀담아 듣고 실천하기로 다짐했습니다. 이 모습을 본 할아버지와 아빠는 흐뭇한 표정으로 서로를 바라보며 웃었습니다.

더 배우기

道吾善者, 是吾賊, 道吾惡者, 是吾師.
도 오 선 자 시 오 적 도 오 악 자 시 오 사

耳不聞人之非, 目不視人之短, 口不言人之過, 庶幾君子.
이불문인지비 목불시인지단 구불언인지과 서기군자

해석 나의 좋은 점을 말하는 사람은 나를 해치는 사람이요, 나의 나쁜 점을 말하는 사람은 나의 스승이다.

　귀로 남의 그릇됨을 듣지 말고, 눈으로 남의 단점을 보지 말고, 입으로 남의 허물을 말하지 말아야 거의 군자라고 할 것이다.

한자풀이

7급
道 말할 도/길 도, 口 입 구

6급
者 놈 자, 聞 들을 문, 目 눈 목, 短 짧을 단

5급
善 착할 선, 耳 귀 이, 過 지날 과

4급
是이 시, 賊도적 적, 師스승 사, 非아닐 비, 視볼 시, 君임금 군
3급
吾나 오, 庶무리 서, 幾몇 기

사자소학 배우기

父母愛之부모애지어시든　　　부모님께서 사랑해 주시거든
喜而勿忘희이물망하라　　　　기뻐하며 잊지 말라.
父母責之부모책지어시든　　　부모님께서 꾸짖으시거든
反省勿怨반성물원하라　　　　반성하고 원망하지 말라.

둘, 자식이 잘못하면 부모가 욕을 먹는다

"아빠, 저희 준비 다 했어요."
윤아가 밝은 표정으로 말했습니다.
"그래, 알았다. 아빠도 준비 다 했다."
오늘은 가족이 함께 여행을 가기로 한 날입니다. 윤아와 진구는 여행 전날 마음이 들떠서 밤잠까지 설쳤습니다.
"자, 이제 출발~!"
진구가 신이 나서 말했습니다.
"윤아야, 진구야, 떠나기 전에 할아버지 할머니께 인사드려야지."
엄마가 말했습니다.
"네, 저희 잘 다녀오겠습니다~."
윤아와 진구가 거실 소파에 앉아 계신 할아버지 할머니를 향해 꾸뻑 인사를 했습니다.

"그래, 즐겁게 놀다 오렴. 애비는 운전 조심하고."

할아버지가 말했습니다.

"네, 그럼 다녀오겠습니다. 자, 이제 출발하자."

아빠가 말했습니다. 아빠가 운전하는 차를 타고 윤아 가족은 안동으로 여행을 떠났습니다. 이번 여행은 우리 조상들의 흔적을 찾아 떠나는 여행이었습니다.

"아빠, 여기가 어디예요?"

윤아가 아빠에게 물었습니다.

"여기가 바로 퇴계 이황 선생님의 고향이야. 이곳은 퇴계 선생님이 공부하던 도산서원이라는 곳이지."

아빠는 도산서원에 대해 설명해 주었습니다. 그리고 퇴계 선생님의 훌륭한 인품에 대해서도 자세히 설명해 주었습니다.

"와, 우리나라에서 가장 뛰어난 학자가 바로 퇴계 이황 선생님이군요."

윤아는 학교에서 배운 내용을 얼른 기억해 냈습니다.

"나도 봤어. 퇴계 이황 선생님 얼굴."

진구가 자랑스럽게 말했습니다.

"그래? 어디서 봤는데?"

윤아가 신기한 듯 물었습니다.

"누나는 그것도 몰라? 천 원짜리에 떡하니 계신 분이 바로 퇴계 이황 선생님이잖아."

진구가 배를 내밀고 의기양양하게 말했습니다.

"아, 맞다! 내가 왜 그걸 생각 못했지?"

윤아는 진구의 말을 듣고서야 천 원짜리 지폐 속 퇴계 이황 선생님의 얼굴이 떠올랐습니다.

"녀석들, 이제 제법이구나."

엄마가 윤아와 진구를 보고 말했습니다.

도산서원을 둘러보던 윤아는 전교당이라는 건물 앞에서 걸음을 멈췄습니다. 진구는 엄마, 아빠와 함께 다른 곳을 구경하고 있었습니다. 그때, 연세가 지긋해 보이는 할아버지 한 분이 계단을 힘겹게 오르고 있었습니다.

"할아버지, 제 손 잡으세요."

윤아는 얼른 뛰어가서 할아버지의 손을 잡아드렸습니다.

"어이구, 고맙구나. 이젠 숨이 차서 계단을 오르기가 힘들어. 그나저나 이렇게 마음씨가 고운 학생을 오랜만에 보는구나."

할아버지는 윤아에게 고마운 마음을 전하며 활짝 웃었습니다.

"뭘요, 큰일도 아닌데요, 뭐."

윤아는 멋쩍은 듯 얼굴을 붉히며 말했습니다.

"부모님이 아주 교육을 잘 시키신 모양이구나. 자식을 보면 그 부모를 알 수 있는 법이란다."

"감사합니다! 저는 이만 가족들한테 가 볼게요. 내려갈 때도 조심하세요."

"그래, 아주 고마웠다. 구경 잘하고 가렴."

"네, 할아버지."

윤아는 기쁜 마음으로 가족들이 있는 곳으로 갔습니다.

"거기서 뭘 그렇게 오랫동안 구경했니?"

아빠가 물었습니다.

"그게 아니고요, 제가 서 있는데 할아버지 한 분이 불편한 몸으로 계단을 올라오셔서 손을 잡아드렸어요. 그 할아버지랑 잠깐 대화를 나누느라 그랬네요."

"우리 윤아가 아주 좋은 일을 했구나."

엄마는 활짝 웃으며 윤아를 칭찬했습니다.

"그런데 그 할아버지께서 자식을 보면 그 부모를 알 수 있다고 하시면서 부모님께 교육을 아주 잘 받은 것 같다고 하셨어요."

윤아는 자랑스럽게 말했습니다.

"그래? 윤아 덕분에 우리가 칭찬을 받았네?"

아빠도 기분이 매우 좋았습니다.

"예전에 아빠가 읽었던 책에 이런 말이 있단다."

그 임금을 알고 싶으면 먼저 그 신하를 보고, 그 사람을 알고 싶으면 그 벗을 보며, 그 아비를 알고 싶으면 그 아들을 보라. 임금이 성인다우면 신하가 충성스럽고, 아버지가 인자하면 자식이 효성스럽다.

"이 말이 무슨 뜻인지 알겠지? 아마 그 할아버지께서 윤아를 보며 이런 생각을 하셨을 거야."
"우와, 오늘 누나가 좋은 일을 했으니까 우리 저녁에 고기 먹어요!"
진구는 누나를 핑계로 맛있는 고기를 먹자고 졸랐습니다.
"녀석도 참. 그러자꾸나."
엄마가 대답했습니다.
"다 둘러봤으니 내려가야겠다. 이제 저녁을 먹으러 가 볼까?"
윤아네 가족은 즐거운 마음으로 도산서원을 나왔습니다.

더 배우기

王良曰, 欲知其君, 先視其臣, 欲識其人, 先視其友,
왕량왈　욕지기군　선시기신　욕식기인　선시기우
欲知其父, 先視其子, 君聖臣忠, 父慈子孝.
욕지기부　선시기자　군성신충　부자자효

해석 왕량이 말하였다. "그 임금을 알려면 먼저 그 신하를 보고, 그 사람을 알려면 먼저 그 친구를 보고, 그 아버지를 알려면 먼저 그 자식을 보아라. 임금이 성인다우면 신하가 충성스럽고, 아버지가 인자하면 자식이 효성스러운 것이니라."

한자풀이

왕량王良 : 중국 명나라 사람으로 이름은 경지(敬止)이고 호는 문절(門節).

8급
王임금 왕, 先먼저 선, 父아비 부

7급
子아들 자, 孝효도 효

5급
良좋을 량, 知알지, 臣신하 신, 識알 식, 友벗 우

4급
君임금 군, 視볼 시, 聖성인 성, 忠충성 충

3급
曰가로 왈, 欲하고자 할 욕, 其그 기, 慈사랑할 자

사자소학 배우기

事必稟行사필품행하고	일을 할 때는 반드시 여쭈어 행하고
無敢自專무감자전하라	감히 자기 멋대로 하지 말라.
一欺父母일기부모면	한 번이라도 부모님을 속이면
其罪如山기죄여산이니라	그 죄가 산과 같이 클 것이다.

셋, 겸손은 최고의 미덕

"얘들아 일어나야지. 오늘도 둘러볼 데가 많단다."

여행 두 번째 날 아침. 엄마는 늦잠을 자는 윤아와 진구를 깨웠습니다.

"으응~, 조금만 더 자면 안 돼요?"

벌떡 일어나서 잠자리를 정돈하는 윤아와 달리, 진구는 이불을 뒤집어쓰며 말했습니다.

"잠은 집에 가서도 충분히 잘 수 있잖아. 그러니까 오늘은 그만 일어나자."

아빠가 말했습니다.

"잉~더 자고 싶은데……. 알았어요, 일어날게요."

진구는 눈을 비비며 가까스로 일어났습니다.

"아빠, 오늘은 어디로 가요?"

윤아가 물었습니다.

"오늘은 한국국학진흥원이라는 곳에 먼저 갈 거야. 그곳에서 유교 문화 박물관을 둘러보도록 하자."

"네, 박물관은 꼭 구경해야죠."

윤아는 박물관에 간다는 말에 신이 났습니다.

윤아네 가족은 아침 식사를 하고 박물관으로 향했습니다. 안동은 '정신문화의 수도'로 알려진 곳답게 문화유산이 많기로 유명한 곳입니다.

"아빠, 여기가 박물관이에요?"

진구가 말했습니다.

"그래, 이 안에 박물관이 있단다."

아빠가 말했습니다. 앞장 선 아빠를 따라 가족들은 박물관에 들어섰습니다.

"아빠, 이거 신기해요. 버튼을 누르니까 한복을 입은 선비가 나와서 설명을 해 줘요."

윤아는 신기한 듯 말했습니다.

"그렇구나. 그것 참 신기하네."

윤아네 가족은 컴퓨터 그래픽으로 꾸며 놓은 박물관을 구경하며 입을 다물지 못했습니다.

"이런 박물관이 있었네. 엄마는 이런 거 처음 본다."

"우리 선비들이 어떻게 학문을 닦았는지 알 수 있을 거야. 잘 보고 기억해 두렴."

아빠는 윤아와 진구에게 우리 조상들의 지혜를 알려 주고 싶었습니다.

"그런데 아빠, 공부를 많이 하면 벼슬도 높아야 하는 거 아니에요?"

윤아가 물었습니다.

"그래, 일반적으로는 네 말이 맞지만 선비들은 높은 벼슬에 오르기 위해서 공부를 했던 게 아니란다. 자신의 인격을 수양하기 위해 공부를 했을 뿐이지."

아빠의 설명이 이어졌습니다.

"벼슬에 대한 욕심만 앞섰다면 자신을 수양하는 학문의 의미는 점점 사라졌을 거야. 그래서 퇴계 이황 선생님은 벼슬을 버리고 고향으로 돌아와서 오로지 학문에만 힘썼단다."

"와, 부자가 되기 위해서 공부를 하는 사람들도 많은데 정말 대단하네요!"

윤아가 손뼉을 치며 말했습니다.

"만약 그릇에 물을 가득 채우고 걸어가면 어떻게 될까?"

아빠가 아이들에게 물었습니다.

"물이 넘치거나 쏟아지겠죠."

진구가 말했습니다.

"그렇지. 바로 그거야. 물을 가득 채우면 넘치고, 물을 중간쯤 채우면 흘리지 않고 걸어갈 수 있단다. 여기서 지혜를 배울 수 있지."

인격을 수양하기 위해서 공부를 했을 뿐.

아빠가 설명했습니다.

"무슨 지혜요?"

윤아가 말했습니다.

"물을 가득 채운 것은 욕심이 많아서 그런 거야. 그렇지?"

"네."

"그것처럼 사람도 욕심이 많아서 그것을 다 채우려고 하면 어떻게 되겠니? 물이 넘치는 것처럼 되지 않겠니?"

"아! 그런 말씀이군요?"

"그래서 《명심보감》에는 이런 말이 있단다."

그릇은 가득 차면 넘치고, 사람은 가득 차면 어그러진다.

"학문을 하는 것은 자기 자신을 위한 것이지 남에게 보여 주기 위한 것이 아니야. 그렇기 때문에 벼슬이나 높은 자리에 오르기 위해서 욕심을 내면 반드시 좋지 않은 일이 생긴단다."

아빠는 윤아와 진구에게 진정한 공부에 대해 설명해 주었습니다.

"여기서 생각해야 할 교훈은 바로 '겸손'이란다. 너무 지나친 욕심은 도리어 화를 만든다는 말이지. 그러니까 너희도 남보다 조금 더 잘하는 게 있다 하더라도 겸손한 마음을 잃지 말아야 하는 거야. 알겠지?"

"네, 명심할게요. 아빠!"

윤아와 진구는 고개를 힘차게 끄덕였습니다.

더 배우기

器滿則溢, 人滿則虧.
기 만 즉 일   인 만 즉 휴

해석 그릇은 가득 차면 넘치고, 사람은 가득 차면 어그러진다.

한자풀이

8급
人 사람 인

5급
則 곧 즉

4급
器 그릇 기, 滿 찰 만

1급
溢 넘칠 일, 虧 어그러질 휴

사자소학 배우기

我身能賢아신능현이면   내 자신이 어질게 행동하면
譽及父母예급부모니라   명예가 부모님께 미치느니라.
我身不賢아신불현이면   내 자신이 어질지 못하게 행동하면
辱及父母욕급부모니라   욕이 부모님께 미치느니라.

넷, 손님을 대할 때는 풍성하게 하자

"어서 오세요. 먼 길 오시느라 고생하셨죠?"
"아닙니다. 아주머니께서 저희 때문에 괜히 불편하실 거 같아서 오히려 저희가 죄송합니다."
"계시는 동안에 편히 계시다 가세요. 너무 불편하게 생각하지 마시고요."
엄마는 손님을 정성껏 맞이했습니다.
"아버님, 어머님, 손님 오셨어요."
"그래? 알았다."
할아버지와 할머니께서도 거실로 나왔습니다.
"어르신, 안녕하셨어요? 건강하시죠? 인사 올리겠습니다."
손님은 넙죽 엎드려 절을 했습니다. 할아버지께서도 함께 인사를 했습니다.
"그래, 오랜만이군. 그동안 잘 지냈나? 부모님께서도 모두 평안하시지?"

할아버지는 오랜만에 만난 손님을 반갑게 맞이했습니다.

"네, 모두 평안하십니다."

손님도 반갑게 말했습니다.

"어멈아, 다과 좀 내오려무나."

"네, 아버님."

엄마는 차를 끓이고 과일을 깎아 오셨습니다.

"그래, 서울에서 며칠 머문다고?"

"네, 볼일이 있는데 저희 아버지께서 어르신을 꼭 찾아뵈라고 신신당부하셔서요. 아주머니께서 여기 머물도록 허락해 주셔서 며칠간 신세 좀 지겠습니다."

"별말을 다하는군. 나도 고향에 갔을 때 자네 집에서 며칠간 머문 적이 있지 않나. 그러니까 신경 쓰지 말고 볼일 잘 보고 푹 쉬다가게."

"네, 어르신. 감사합니다."

"학교 다녀왔습니다."

윤아가 학교에서 돌아오며 인사를 했습니다.

"윤아야, 인사드리렴."

엄마가 말했습니다.

"안녕하세요."

윤아가 손님에게 인사를 했습니다.

"그래, 네가 윤아구나? 넌 기억 못하겠지만 난 이미 어렸을 때 너를 본 적이 있단다. 아주 예뻐졌구나. 못 알아볼 뻔했다."

손님은 윤아를 어렸을 때부터 알고 있는 듯했습니다.

"네, 감사합니다."
윤아는 인사를 하고 방으로 들어갔습니다.
엄마는 손님을 위해 풍성한 저녁상을 준비했습니다.
"아주머니, 너무 많이 준비하셨어요. 그냥 먹던 대로 주셔도 되는데……."
손님이 말했습니다.
"그래도 손님인데 신경을 써야지. 어멈아, 아주 잘했다. 고생 많았구나."
할아버지는 흐뭇한 미소를 지으며 엄마를 칭찬했습니다.
"평소에는 검소하게 생활해도 손님이 왔을 때는 정성을 다하는 것이 우리 조상들의 가르침이란다."
"네, 아버님. 잘 알고 있습니다."
모두들 푸짐한 저녁을 맛있게 먹고 각자 할 일을 하고 있었습니다.

내 과자인데!

그런데 거실에서 TV를 보고 있는 윤아의 표정이 계속 먹구름이었습니다. 엄마는 윤아에게 말을 걸었습니다.

"윤아야, 무슨 일 있니?"

"아니요."

"그런데 표정이 왜 그래? 무슨 일인지 말해 보렴. 엄마는 네 표정만 봐도 다 안단다."

엄마는 윤아에게 무슨 일이 있다는 것을 금방 알 수 있었습니다.

"그냥 좀 그래서요."

윤아는 선뜻 말을 하지 못했습니다.

"무슨 말인데 그렇게 뜸을 들이니? 어서 말해 봐."

"전에 마트에 갔을 때 엄마를 조르고 졸라서 겨우 산 비싼 쿠키를 손님에게 다 드렸잖아요. 전부터 먹고 싶다고 노래를 불렀던 딸기도 그렇구요. 아껴 먹으려고 했던 건데 엄마가 손님에게 다 드려서 조금 서운했어요."

"하하하, 그랬어? 그것 때문에 심통이 났구나?"

엄마는 웃으며 말했습니다.

"심통이 난 건 아니지만 그냥 그랬어요."

"집에 손님이 오지 않으면 그 집은 폐가와 다름없다고 한단다. 그래서 손님에게는 항상 정성을 다하고 음식도 푸짐하게 대접해야 하는 거야. 나도 할아버지께 배운 말이 있는데 한번 들어 보렴."

손님을 대접할 때는 풍성하게 하지 않을 수 없고, 집안을 다스릴 때는 검소하지 않을 수 없느니라.

"이 말은 할아버지께서 언제나 강조하셨던 말씀이야. 그러니까 우리가 조금 아끼고 검소하게 살더라도 손님에게 인색하게 해서는 안 되는 거란다. 알았지? 그러니까 서운한 생각 갖지 말렴. 그런 눈치가 보이면 손님도 불편할 거야."

엄마는 윤아를 조용히 타일렀습니다.

"네, 제가 아직 철이 없나 봐요."

"네 마음도 충분히 이해는 가지만 할아버지의 가르침이 옳아요. 그러니까 앞으로도 손님에게는 풍성하게 하고 스스로는 검소한 것을 실천하자. 알겠지?"

"네, 엄마."

윤아는 자기가 좋아하는 과자와 과일이 모두 없어지자 마음이 서운했던 것입니다. 하지만 엄마의 말을 듣고 다시 생각하게 되었습니다.

더 배우기

待客, 不得不豊, 治家, 不得不儉.
대객 부득불풍 치가 부득불검

해석 손님을 대접할 때는 풍성하게 하지 않을 수 없고, 집안을 다스릴 때는 검소하지 않을 수 없느니라.

한자풀이

7급
不 아니 불(부)

6급
待 대접할 대

5급
客 손 객

4급
得 얻을 득, 治 다스릴 치, 豊 풍성할 풍, 儉 검소할 검

사자소학 배우기

兄弟姉妹형제자매는　　　　　형제와 자매는
同氣而生동기이생이니　　　　한 기운을 받고 태어났으니
兄友弟恭형우제공하야　　　　형은 사랑하고 아우는 공손하며
不敢怨怒불감원노니라　　　　감히 원망하거나 화내지 말라.

4장 옳은 것을 실천하자

옳은 것이 무엇이고 그른 것이 무엇인지 아마 모르는 사람은 드물 것입니다. 그른 것을 하지 않으려는 마음과 옳은 것을 실천하려는 자세가 바람직한 것이랍니다. 그런데 옳고 그른 것은 마음이 맑아야 쉽게 보이고, 마음이 맑지 않으면 그릇된 것도 옳은 것처럼 보이게 됩니다. 따라서 마음을 맑게 유지하려고 노력해야 하며, 옳은 일이 있으면 반드시 실천하려고 해야 합니다. 옳은 것을 보고도 그냥 지나치는 것은 용기가 없는 행동이기 때문이죠.

하나, 진정한 용기는 옳은 것을 실천하는 것

"얘들아, 우리 돌아가려면 시간이 많이 걸리는데 담 넘어서 갈까?"
"그래, 좋아. 한번 해 보자."

진용이가 학교 담을 넘어서 밖으로 나가자는 말에 친구들은 다들 맞장구를 쳤습니다. 그런데 진구는 걱정이 됐습니다. 담을 넘다가 다치거나 선생님께 들켜서 야단을 맞을 수도 있으니까요.

"진구야, 뭐해? 빨리 와!"
"으응……. 아, 알았어!"

친구들이 재촉하자 진구도 담을 넘으려고 했습니다. 그런데 담이 생각보다 높아서 쉽지가 않았습니다. 다른 친구들은 모두 담을 넘어 가고 진구만 남았습니다.

"야, 뭘 꾸물거려! 가방부터 이쪽으로 던져. 그리고 힘껏 뛰어서 올라타. 그럼 돼!"

진구는 재촉하는 진용이가 왠지 모르게 얄미웠습니다. 가방을 담 너머로 던지고, 멀리서부터 뛰어오다가 힘차게 발을 구른 뒤 담장에 올라탔습니다.
　"됐어. 이제 뛰어내려."
　친구들은 진구를 응원했습니다.
　"아, 알았어……."
　진구는 겁이 났지만 친구들한테 웃음거리가 되기 싫어서 뛰어내렸습니다.
　"잘했어. 그렇게 하는 거야."
　진용이는 진구에게 우쭐대며 말했습니다.
　"얘들아, 너희 그렇게 담을 넘어 다니면 다쳐요. 멀쩡한 문을 놔두고 담부터 또 그러면 못써요. 알았지?"
　담 너머를 지나가던 어떤 어른이 말했습니다.
　"아, 네."
　진구와 친구들은 재빨리 그 자리를 피했습니다. 그리고 놀이터로 갔습니다.
　"야, 너희 이런 거 할 수 있어?"
　이번에도 진용이가 친구들에게 뭔가 시범을 보이려고 했습니다. 진용이는 철봉 위로 올라가서 거꾸로 매달렸습니다. 진구는 잘못하면 다칠 거 같다는 생각에 겁이 났습니다.
　"그만해. 그러다 떨어지면 어떡해?"
　진구가 참다 못해 말했습니다.
　"진구는 겁쟁이구나. 남자가 이런 것도 못하고."

진용이는 진구를 놀렸습니다.

"나도 할 수 있어. 하지만 혹시라도 떨어지면 크게 다칠 수도 있다고. 그래서 안 하는 거야."

하지만 사실 진구는 겁이 나서 철봉에 거꾸로 매달리지 못한 것이었습니다. 그런데 다른 친구가 진용이를 따라 하다가 그만 철봉에서 떨어지고 말았습니다. 많이 다치지는 않았지만 무릎에서 피가 났습니다.

"거 봐. 하지 말라니까."

진구는 친구를 부축하며 말했습니다.

"괜찮아. 이 정도 가지고 뭘 그러니?"

친구는 아무렇지도 않게 옷을 털고 일어났습니다. 진구는 다치면서까지도 철봉에 매달리는 친구들을 이해할 수 없었습니다. 그러면서 한편으로는 친구들이 부럽기도 했습니다.

"난 왜 저렇게 못할까? 겁만 많아가지고……."

친구들과 헤어져서 집으로 돌아온 진구는 저녁에 퇴근한 아빠를 붙잡고 물었습니다.

"아빠는 어렸을 때 어땠어요?"

"뭐가 말이니?"

아빠는 웬 뚱딴지같은 질문이냐는 표정이었습니다.

"어렸을 때 용감했어요?"

"그럼~. 당연히 용감했지. 그런데 갑자기 그건 왜 묻는 거니?"

"저는 겁이 많은가 봐요. 친구들하고 놀 때 높은 데도 못 올라가고, 담 넘을 때도 조마조마하고……. 다들 제가 겁쟁이라고 생각하는 것 같아요."

진구는 낮에 있었던 일에 대해서는 차마 자세히 말을 할 수 없어서 이렇게만 말했습니다.
"그게 뭐가 겁쟁이라는 거지?"
"그런 게 있어요."
진구는 말을 멈추고 말았습니다.
"녀석도 참. 싸움을 잘하거나 힘이 세다고 해서 용감한 게 아니란다. 진정한 용기는 마음에 부끄러움이 없는 것을 말하는 거야."
진구는 아빠의 말에 동감할 수 없었습니다. 자기도 친구들처럼 겁 없이 남자답게 행동하고 싶었기 때문입니다.

"진구야, 할아버지께 여쭤 보렴."

아빠는 진구에게 말했습니다. 진구는 할아버지 생각이 궁금했습니다.

"할아버지, 진정한 용기가 뭐예요?"

"글쎄다. 진정한 용기는 어떤 상황에서도 떳떳한 마음을 지니고 떳떳하게 행동하는 것이 아닐까? 그러니까 네 마음에서 옳다고 생각하는 것을 실천으로 옮기는 것이 바로 진정한 용기란다."

할아버지는 진구에게 말했습니다.

"너무 어려워요."

진구는 할아버지의 말씀을 이해할 수 없었습니다.

"그럼 옛날이야기 하나 해 줄까?"

"네. 해 주세요."

"《익지서》라는 책이 있는데, 거기에 이런 말이 나온단다."

하얀 옥은 진흙에 던져도 그 색을 더럽게 할 수 없고, 군자는 혼탁한 곳에 가더라도 그 마음을 어지럽게 하지 않는다. 그러므로 소나무와 잣나무는 눈과 서리를 견뎌 낼 수 있고, 현명한 지혜를 가진 사람은 위태로움을 건널 수 있는 것이다.

"좋은 보석이 흙탕물에 빠진다고 더럽혀지는 것은 아니지?"

"네. 깨끗하게 씻으면 되잖아요."

"맞아. 그러니까 사람도 스스로 깨끗하면 아무리 주변 친구들이 나쁜 짓을 한다고 해도 거기에 물들지 않을 수 있는 거란다."

할아버지는 친절하게 설명해 주었습니다.

"그런데 친구들이 위험한 일을 하자고 할 때, 나만 혼자 빠지면 이상해 보이지 않을까요?"

"그래, 그렇기도 하겠지. 아마 친구들한테 따돌림을 당할지도 몰라요. 하지만 그렇다고 해서 나쁜 짓이나 위험한 일을 따라 한다면 그것도 옳은 일이 아니란다."

"그렇지만 친구들한테 따돌림을 받으면 학교생활이 힘들어요."

"네 말도 맞아. 그렇다고 나쁜 일을 따라 하면 되겠니? 차라리 친구들을 말려서 나쁜 일을 못 하게 하는 것이 더 좋지 않을까?"

"그건 그래요. 할아버지 말씀이 옳아요."

진구는 낮에 있었던 일을 생각하며 할아버지와 대화를 했습니다.

"사람은 누구나 과시하려고 하는 마음이 있단다. 그래서 위험한 일이나 해서는 안 될 일을 하기도 하지. 그런데 진정한 용기를 가진 사람은 결코 그런 헛된 일을 하지 않아요. 자기 마음에 부끄러움이 없도록 행동하는 사람이야말로 진정 용기 있는 사람이기 때문이지."

진구는 담장을 넘으면서 망설였던 자신을 떠올렸습니다. 담을 넘는 것은 할아버지 말씀처럼 해서는 안 될 행동이었기 때문입니다.

"저는 스스로 용기가 없는 겁쟁이라고 생각했는데……. 제 생각이 잘못된 것 같아요."

진구는 자신을 반성하며 진용이를 부러워하지 않게 되었습니다. 그리고 다음부터는 친구들이 잘못된 일을 하면 진심으로 충고하기로 마음먹었습니다.

더 배우기

益智書云, 白玉, 投於泥塗, 不能汚穢其色, 君子,
익지서운 백옥 투어니도 불능오예기색 군자

行於濁地, 不能染亂其心.
행어탁지 불능염란기심

故松栢, 可以耐雪霜, 明智, 可以涉危難.
고송백 가이내설상 명지 가이섭위난

해석 《익지서》에서 말하였다. "하얀 옥은 진흙에 던져도 그 색을 더럽게 할 수 없고, 군자는 혼탁한 곳에 가더라도 그 마음을 어지럽게 하지 않는다. 그러므로 소나무와 잣나무는 눈과 서리를 견뎌낼 수 있고, 현명한 지혜를 가진 사람은 위태로움을 건널 수 있는 것이다."

한자풀이

익지서 : 중국 송나라 때의 책으로, 그 내용은 교양에 관한 것이다.

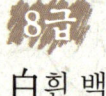

白 흰 백

7급

色빛 색, 地땅 지

6급

雪눈 설, 明밝을 명

4급

益더할 익, 智지혜 지, 玉구슬 옥, 投던질 투, 亂어지러울 란
故옛 고, 松소나무 송, 危위태로울 위, 難어려울 난

3급

云이를 운, 泥진흙 니, 汚더러울 오, 濁흐릴 탁, 染물들일 염
栢잣나무 백, 耐견딜 내, 霜서리 상, 涉건널 섭

2급

塗진흙 도

1급

穢더러울 예

사자소학 배우기

人倫之中인륜지중에	사람의 도리 가운데
忠孝爲本충효위본이니	충성과 효도가 근본이 되니
孝當竭力효당갈력하고	효도는 마땅히 힘을 다해야 하고
忠則盡命충즉진명하라	충성은 목숨을 다해야 한다.

둘, 부지런하면 미래가 밝다

"윤아야, 이제 일어나야지?"
엄마가 윤아를 깨웠습니다.
"엄마, 조금만 더 잘게요. 방학이잖아요."
윤아는 눈을 비비면서 말했습니다.
"그래도 규칙적인 생활을 해야지. 방학이라고 늦잠을 자면 되겠니? 동생도 벌써 일어났어요."
"진구는 어쩌다 일찍 일어난 거죠. 저는 어쩌다 늦잠을 자는 거라고요."
"그럼 30분만 더 자렴. 알았지?"
"네."
엄마는 윤아를 깨우지 못하고 말았습니다.
"누나! 일어나. 아침 먹어야지."
진구가 누나를 깨웠습니다.

"알았어. 일어날게."

윤아는 마지못해 일어났습니다.

"윤아는 늦잠을 잤구나?"

할아버지가 말했습니다.

"네, 히히. 오랜만에 늦잠 잤어요."

"그래, 어쩌다 늦잠을 자는 것은 괜찮다. 하지만 방학이라고 게으름 피우면 안 돼요."

"네, 알겠습니다."

"진구도 마찬가지다. 누나는 그래도 평소에 부지런하지만 진구는 종종 게으름을 피우는 것 같던데."

할아버지는 진구를 보며 말했습니다.

"저요? 저도 이제 게으름 피우지 않아요. 매일 일찍 일어나고 있어요."

진구는 의기양양하게 말했습니다.

"그럼 다행이구나. 엄마가 진구 깨우느라 힘들었는데 이제 좀 편해지겠구나."

"네, 아버님. 진구가 요새는 잘 일어나요. 그래서 얼마나 좋은지 몰라요."

엄마는 진구를 칭찬했습니다.

다음 날 아침이 되었습니다.

"할아버지, 저랑 약수터에 가요."

진구가 일찍 일어나서 할아버지에게 말했습니다.

"그래? 벌써 일어났어?"

"네, 이제 저도 일찍 일어나기로 했다고 어제 말씀드렸잖아요."

"며칠이나 가는지 두고 볼까?"

할아버지는 진구가 약속을 지킬 수 있을지 의문이 들었습니다.

"네, 지켜보세요."

진구는 자신 있게 대답했습니다.

"아범아, 이제 우리 집안이 아주 잘되겠구나."

할아버지가 아빠에게 말했습니다.

"무슨 말씀이세요?"

아빠는 갑작스런 할아버지의 말씀에 당황했습니다.

"《명심보감》에 나오는 《경행록》에는 '아침저녁으로 일찍 일어나고 늦게 자는 것을 보아서, 그 집안이 흥할 것인지 쇠퇴할 것인지를 점칠 수 있다.'라는 말이 있는데, 윤아하고 진구가 일찍 일어나는 것을 보니 분명히 좋은 일이 많을 게야."

할아버지가 말했습니다.

"아, 무슨 말씀인지 이제야 알겠습니다."

아빠도 흐뭇한 표정을 지었습니다.

더 배우기

景行錄云, 觀朝夕之早晏, 可以卜人家之興替.
경 행 록 운 관 조 석 지 조 안   가 이 복 인 가 지 흥 체

해석 《경행록》에서 말하였다. "아침저녁으로 일찍 일어나고 늦게 자는 것을 보아서, 그 집안이 흥할 것인지 쇠퇴할 것인지를 점칠 수 있을 것이다."

한자풀이

7급

夕저녁 석, 家집 가

6급

行갈 행, 朝아침 조

5급

景볕 경, 觀볼 관, 可옳을 가, 以써 이

4급

錄기록할 록, 早일찍 조, 興일어날 흥

3급
云이를 운, 卜점 복, 之갈 지, 替쇠퇴할 체

1급
晏늦을 안

사자소학 배우기

兄無衣服형무의복이어든	형에게 의복이 없으면
弟必獻之제필헌지하고	아우가 반드시 드리고
弟無飮食제무음식이어든	아우에게 먹을 음식이 없으면
兄必與之형필여지하라	형이 반드시 주어라.

셋, 빈 그릇도 조심스럽게

"아이구! 내 정신 좀 봐. 벌써 시간이 이렇게 됐네?"
"엄마, 왜 그러세요?"
윤아가 허둥대는 엄마에게 말했습니다.
"일어났다가 그만 깜빡 졸았지 뭐니."
엄마는 아침 식사를 준비하기 위해 분주하게 움직였습니다.
"윤아하고 진구도 엄마를 도와주렴. 알았지?"
"네, 엄마."
진구도 옆에서 심부름을 했습니다.
"진구야, 저기 싱크대 위에 있는 큰 그릇 좀 가져올래?"
"네, 이거요?"
"그래."
그 순간 진구의 손이 미끄러지며 그릇을 놓치고 말았습니다. 바닥에 떨어진 그릇은 산산조각이 나면서 부엌 여기저기에 작은 파편들이 흩어졌습니다.

"무슨 일이니?"

할아버지가 깜짝 놀라 나오셨습니다.

"아니에요, 아버님. 진구가 그만 실수로 그릇을 떨어뜨리고 말았어요. 놀라셨죠?"

엄마는 자기 때문에 생긴 일이라고 생각해서 미안한 마음이 들었습니다.

"아니다, 진구는 괜찮니?"

"네, 할아버지. 괜찮아요."

"그 자리에 그대로 있거라. 움직이면 다칠 수 있으니까 먼저 주변을 청소한 다음에 움직이렴. 기다려."

할아버지는 그릇이 깨져 흩어진 파편을 치웠습니다.

"아버님, 제가 하겠습니다."

"아니다. 어멈은 어서 아침 식사 준비나 하렴. 여기는 내가 알아서 하마."

진구는 덜렁대는 성격 때문에 일이 이렇게 된 것이라고 생각했습니다.

"할아버지, 죄송합니다. 그릇이 손에서 미끄러졌어요."

"괜찮아. 누구나 그럴 수 있는 일이야. 아침부터 네가 놀랐겠구나."

"네, 저도 놀랐어요."

진구는 정말 많이 놀란 듯 어쩔 줄을 몰랐습니다.

"그릇은 항상 두 손으로 들어야 이런 일이 생기지 않는 거란다. 빈 그릇이라도 조심스럽게 다루어야 하는 거야. 옛말에 이런 말이 있어요."

빈 그릇을 들더라도 가득 찬 것을 든 것처럼 하고, 빈 방에 들어가더라도 사람이 있는 것처럼 하라.

"이 말은 신중하게 행동하고 겸손한 자세를 갖추라는 말이란다. 대부분의 사람들은 방 안에 아무도 없다는 것을 알면 편하게 행동하거나 흐트러진 자세로 출입하게 되지만 이러한 행동이 습관이 되면 사람이 있을 때도 똑같은 행동을 하게 되는 거야. 그러니까 평소에 습관을 잘 들이면 언제 어디서든 신중하게 행동하게 된단다."

"네, 할아버지. 저도 많이 노력하려고 하는데 가끔 몸에 밴 습관이 저도 모르게 나오고 말아요."

진구가 말했습니다.

"너만 그런 게 아니야. 사람은 누구나 급하면 그런 실수를 하게 되지만 앞으로 조심하고 점차 좋은 습관을 길들이면 되는 거란다."

할아버지가 진구를 안심시키며 말했습니다.

"아버님, 다 됐어요. 이제 진지 드세요."

"그래, 윤아하고 진구도 이리 오렴. 어서 먹자."

"네."

윤아와 진구는 조심스럽게 자리에 앉았습니다. 엄마도 오늘은 더욱 조심하며 아침상을 차렸습니다.

더 배우기

少儀曰, 執虛如執盈, 入虛如有人.
소의왈   집허여집영   입허여유인

해석 《소의》에서 말했다. "빈 그릇을 들더라도 가득 찬 것을 든 것처럼 하고, 빈 방에 들어가더라도 사람이 있는 것처럼 하라."

한자풀이

소의少儀 : 유교의 기본 경전의 하나인 예기의 편 이름.

8급
人 사람 인

7급
少 적을 소, 入 들 입, 有 있을 유

4급
儀 거동 의, 虛 빌 허, 如 같을 여

3급
曰 가로 왈, 執 잡을 집

2급
盈 찰 영

사자소학 배우기

一杯之水일배지수라도　　　　한 잔의 물이라도
必分而飮필분이음하고　　　　반드시 나누어 마시고
一粒之食일립지식이라도　　　한 알의 음식이라도
必分而食필분이식하라　　　　반드시 나누어 먹어라.

넷, 분수를 지켜라

"윤아야, 진구야! 준비 다 했니?"
엄마가 말했습니다.
"네, 다 했어요."
윤아와 진구가 헐레벌떡 뛰어나오며 말했습니다.
"그런데 어디로 가실 거예요?"
진구가 말했습니다.
"글쎄, 오늘은 백화점으로 가 볼까?"
엄마가 말했습니다.
"네, 좋아요!"
윤아와 진구는 백화점에 간다는 말에 신이 났습니다. 오늘은 쇼핑을 하기로 했기 때문입니다. 윤아와 진구는 옷과 신발을 사 준다는 엄마의 말에 신이 났습니다.

"먼저 윤아가 필요한 것부터 사러 갈까?"

"네, 그럼 저야 좋죠."

"엄마는 왜 항상 누나부터 챙기세요? 제 것부터 사면 안 돼요?"

진구가 심통이 난 얼굴로 말했습니다.

"누나가 너보다 위잖니. 누나 옷부터 사도 늦지 않을 텐데, 안 그러니?"

"……알겠어요. 엄마 말 들을게요."

진구는 조금 서운했지만 더 이상 내색하지 않았습니다.

"윤아야, 이거 어떠니?"

"전 꽃무늬가 많은 건 싫어요. 그냥 평범하고 깔끔한 게 좋아요."

"그래? 그럼 네가 여기서 직접 골라 보렴."

윤아는 여기저기 발길을 빠르게 옮기면서 눈에 쏙 들어오는 옷을 골랐습니다.

"엄마, 저는 이 옷이 맘에 들어요."

"그래? 참 예쁘구나. 이걸로 할래?"

"헉, 그런데 8만 원이나 해요. 자주 입을 것 같은 옷도 아닌데 너무 비싼 것 같아요."

"그 정도면 많이 비싼 건 아니구나. 좋은 옷을 사면 아껴 입게 될 테니까 괜찮아요. 이걸로 하자."

"우와, 감사합니다!"

윤아는 예쁜 옷을 골라서 마음이 흐뭇했습니다.

"이제 제 운동화 사러 가는 거죠?"

진구가 기다렸다는 듯이 말했습니다.

"그래야지. 우리 진구가 많이 기다렸으니까 좋은 걸로 사 줄게요."
"네, 빨리 가요. 그런데 한 층 더 올라가야 되는 거 같아요."
진구는 성큼성큼 앞장섰습니다.
"엄마, 저 이거 신어 볼래요."
"그래, 신어 보렴."
진구는 맘에 드는 운동화를 골라서 신어 봤습니다.
"엄마, 어때요? 괜찮아 보여요?"
"그래, 사이즈 잘 맞니? 너무 크진 않고?"
"네, 아주 잘 맞아요."
"그럼 그걸로 사자."
진구는 평소에 갖고 싶어 했던 브랜드의 운동화를 갖게 돼서 기분이 날아갈 것 같았습니다.
"엄마, 이제 우리 뭐 사러 가죠?"
윤아가 말했습니다.
"이제 할아버지, 할머니 옷이랑 아빠 옷 사러 가야지."
"그러면 온 가족이 다 하나씩 사는 거네요? 엄마는 뭐 사실 거예요?"
진구가 물었습니다.
"엄마는 특별히 필요한 게 없어서 다음에 살 거야."
"그래도 다른 사람들은 모두 샀는데 엄마만 아무것도 안 사면 좀 이상하잖아요."
윤아가 말했습니다.
"일단 할머니 외투부터 보러 가자."

엄마는 가족들 옷을 하나씩 샀지만 정작 자신의 옷은 사지 않았습니다.

저녁에 모든 가족이 모였습니다. 그리고 서로 새 옷과 신발을 자랑했습니다.

"애, 어멈아, 그런데 이거 너무 비싼 옷 아니니?"

할머니가 외투를 입어 보며 말했습니다.

"아니에요, 어머니. 생각만큼 많이 비싸진 않아요."

"그래도 우리 형편을 생각해서 너무 비싼 옷은 사지 말렴. 난 아무거나 입어도 된단다."

할아버지가 말했습니다.

"할아버지, 저는 운동화가 아~~~주 많았으면 좋겠어요."

진구가 말했습니다.

"녀석도 참, 사람 욕심은 원래 끝이 없는 법이란다. 그러니까 항상 자기 형편에 맞춰서 살아야 하는 거야. 자기 능력도 되지 않으면서 욕심만 부리면 마음이 괴로워져요. 사고 싶은 게 많은데 사지 못하면 진구는 괴롭지 않던?"

"네, 그렇죠. 친구들은 나보다 좋은 운동화를 신고 다니는데, 나는 그렇지 못할 때는 창피하기도 하고 엄마를 졸라서라도 꼭 사고 싶은 생각이 들기도 해요."

"그것 보렴. 그것이 바로 욕심이란다. 욕심은 자기 분수를 모르기 때문에 생겨나는 것이지. 옛말에 이런 말이 있단다."

만족할 줄을 알면 즐거울 것이요, 탐욕에 힘쓰면 근심이 있게 된다.

"자기 분수를 잘 알고 거기에 맞춰서 살면 아무런 걱정이 없지만, 분수를 모르고 남들처럼 따라 하려고 하면 걱정만 생긴다는 말이란다. 그러니까 항상 현재의 삶에 만족하며 사는 자세가 필요해요. 알았지?"

할아버지가 말했습니다.

"네, 할아버지!"

가족들은 오랜만에 행복하고 즐거운 저녁 시간을 보냈습니다.

더 배우기

景行錄云, 知足可樂, 務貪則憂.
경행록운 지족가락 무탐즉우

해석 《경행록》에서 말했다. "만족할 줄을 알면 즐거울 것이요, 탐욕에 힘쓰면 근심이 있게 된다."

한자풀이

7급

足 발 족/만족할 족

6급

行 갈 행, 樂 즐거울 락

5급

景 볕 경, 知 알 지, 可 옳을 가, 則 곧 즉/법칙 칙

4급

務 힘쓸 무

3급

云 이를 운, 貪 탐할 탐, 憂 근심 우

사자소학 배우기

夙興夜寐숙흥야매하야   아침 일찍 일어나고 밤늦게 자서
勿懶讀書물라독서하라   책 읽기를 게을리 하지 말라.
勤勉工夫근면공부하면   부지런히 공부하면
父母悅之부모열지시니라   부모님께서 기뻐하시느니라.

5장 좋은 사람을 사귀자

사람을 만나고 사귀는 것은 쉬운 일이 아닙니다. 더구나 가족이 아닌 다른 사람과 잘 사귀는 것은 더욱 어려운 일이죠. 가족 다음으로 가장 친한 사이는 친구일 것입니다. 그렇기 때문에 친구와 잘 사귀는 도리도 중요한 것입니다. 친구의 장점은 칭찬하고 단점은 감춰 줄 수 있는 마음이 있어야 오래 사귈 수 있답니다. 그리고 말 한마디라도 예쁘고 고운 말씨를 쓰도록 해야 모든 사람에게 사랑을 받는 사람이 될 수 있습니다.

하나, 좋은 친구 사귀기

"할아버지, 학교 다녀왔습니다. 그런데 뭐 하세요?"
진구가 말했습니다.
"그래, 진구 왔구나. 어서 오렴. 화초를 살펴보고 있단다. 학교에서는 별일 없었지?"
할아버지가 말했습니다.
"네, 급식도 남기지 않고 다 먹었고 친구들이랑도 싸우지 않고 잘 지냈어요. 그런데 지금 만지고 계신 게 난초 맞죠?"
진구는 할아버지가 난초를 조심스럽게 다루는 모습을 물끄러미 바라보았습니다.
"그래, 가까이 와서 보렴. 여기 난초꽃이 피었단다."
"꽃이요? 어디요?"
"여기 두 개나 피었잖니."

"와~. 정말 그러네요. 난초꽃은 처음 보는데, 신기해요!"

"어디요?"

"여기 와서 향기를 맡아 보렴."

할아버지는 진구에게 난초꽃 향을 맡아 보게 했습니다.

"할아버지, 그런데 냄새가 안 나요."

"녀석도 참, 왜 향기가 안 나니? 난 은은한 향기를 맡을 수 있는데, 다시 맡아 보렴."

"정말요? 이제 조금 나요. 이게 난초향이군요?"

"그래, 이 아주 은은한 향기가 바로 난초의 매력이란다."

"음……전 솔직히 잘 모르겠어요. 다른 꽃들은 향기가 진한데 난초는 너무 약해요. 밍숭맹숭하다고 해야 할까요?"

"그게 바로 매력인 거야. 화려하고 향기가 진한 것만이 좋은 것은 아니란다."

할아버지는 진구에게 난초의 매력에 대해 설명해 주었습니다.

"예전에는 난초를 친구와 사귀는 것에 비유하기도 했단다."

"그래요? 어떻게요?"

"공자님 말을 들려주마."

착한 사람과 함께 지내면 마치 향기로운 지초와 난초가 있는 방 안에 들어간 것과 같아서 오래되면 그 향기를 맡지 못하지만 곧 그와 더불어 동화가 될 것이요, 착하지 못한 사람과 함께 지내면 생선 가게에 들어간 것과 같아서 오래되면 그 냄새를 맡지 못하지만 또한 그와 더불어 동화가 될 것이다.

"좋은 친구를 사귀라는 말씀이군요?"
진구가 말했습니다.
"그래, 우리 진구는 이해가 빠르구나. 자기 자신도 모르게 주변 친구들에게 영향을 받는다는 말이란다. 항상 좋은 친구를 사귀어야 하고 동시에 너도 좋은 친구가 되도록 노력해야 한단다."
"네, 알겠습니다."
진구는 할아버지의 말씀을 귀담아 들었습니다.
"아버님, 저녁 식사 다 준비됐어요."

가족들이 모여 저녁 식사를 하게 되었습니다.
"부엌에서 생선 구이 냄새가 나는데, 무슨 생선이에요?"
윤아가 엄마에게 물었습니다.
"맛있는 냄새가 나지? 오늘은 삼치를 구웠단다."
엄마는 삼치 구이를 내오며 말했습니다.
온 가족이 맛있게 식사를 마쳤습니다.
"엄마, 창문 좀 열어야겠어요."
진구가 말했습니다.
"그래, 냄새가 많이 나지? 창문 열고 환기 좀 시키자."
엄마는 창문을 활짝 열었습니다. 생선 구이 냄새가 서서히 빠지는 게 느껴졌습니다.
"할아버지께서 말씀하신 게 바로 이런 거로군요?"
"허허, 녀석! 응용을 참 잘하는구나~."
할아버지는 한번 가르쳐 준 것을 잊어버리지 않는 진구의 기특한 모습을 보며 흐뭇하게 웃었습니다.

더 배우기

子曰, 與善人居, 如入芝蘭之室, 久而不聞其香,
자왈 여선인거 여입지란지실 구이불문기향
卽與之化矣.
즉여지화의

與不善人居, 如入鮑魚之肆, 久而不聞其臭, 亦與之化矣.
여불선인거 여입포어지사 구이불문기취 역여지화의

해석 공자께서 말씀하셨다. "착한 사람과 함께 지내면 마치 향기로운 지초와 난초가 있는 방 안에 들어간 것과 같아서 오래되면 그 향기를 맡지 못하지만 곧 그와 더불어 동화가 될 것이요, 착하지 못한 사람과 함께 지내면 어물전에 들어간 것과 같아서 오래되면 그 냄새를 맡지 못하지만 또한 그와 더불어 동화가 될 것이다."

한자풀이

室 집 실

子 아들 자, 入 들 입, 不 아니 불

6급
聞들을 문

5급
善착할 선, 化될 화, 魚고기 어

4급
與더불 여, 居살 거, 如같을 여, 香향기 향

3급
曰가로 왈, 蘭난초 란, 久오랠 구, 而말이을 이, 其그 기, 卽곧 즉
矣어조사 의, 臭냄새 취, 亦또 역

2급
芝지초 지, 鮑절인어물 포

특급
肆가게 사

사자소학 배우기

我有歡樂아유환락이면   나에게 즐거움이 있으면
兄弟亦樂형제역락하고   형제들도 또한 즐거워하고
我有憂患아유우환이면   나에게 근심이 있으면
兄弟亦憂형제역우니라   형제들도 또한 근심하느니라.

둘, 사람의 됨됨이를 쉽게 판단하지 말자

"할아버지, 우리 반에 혜진이라는 친구가 있는데요, 그 애는 인기가 아주 많아요. 제가 볼 땐 별로 예쁘지도 않고, 공부를 썩 잘하는 것도 아닌데 왜 그렇게 인기가 많은지 모르겠어요."

윤아가 할아버지께 말했습니다.

"흠……할아버지 생각엔 혜진이는 성격이 아주 좋을 것 같은데? 꼭 공부를 잘하고 예뻐야만 인기가 있는 것은 아니잖니. 그 친구만의 장점이 있겠지. 물론 단점도 있을 것이고."

"아, 그건 그래요. 항상 웃는 얼굴이고 친절해요. 자기가 말하는 것보다 다른 친구들 이야기를 들어주는 걸 더 좋아하고요. 그래서 인기가 많은 거였구나……. 그런데 저도 친구들 말은 잘 들어주는 편인데 왜 혜진이만큼 인기가 없는지 모르겠어요."

윤아는 혜진이가 부러웠지만 할아버지의 말씀을 이해하고 혜진이의 장점을 인정하기로 했습니다.

그러던 어느 날, 윤아는 친구들과 함께 방과 후에 교실 청소를 하게 되었습니다. 그런데 혜진이는 자기 책상에 엎드려 있었습니다.

"얘들아, 혜진이 어디 아프니?"

윤아가 친구들에게 물어보았습니다.

"아니, 아픈 거 같진 않은데?"

아름이가 대답했습니다.

"그런데 왜 혼자 저렇게 엎드려 있어? 방과 후 교실 청소는 다 같이 하는 건데?"

윤아는 혜진이가 이상하게 보였습니다.

"그렇긴 한데, 혜진이는 공주잖아."

아름이가 작은 목소리로 말했습니다.

"공주? 그게 무슨 말이야?"

"그런 게 있어. 혜진이랑 지난해에 같은 반이었던 애들한테 들은 건데, 혜진이는 힘든 일은 절대 안 한대. 그래서 별명이 '공주'였대."

윤아는 아름이의 말을 듣고 인기가 많아서 마냥 부럽기만 했던 혜진이의 새로운 모습을 알게 되었습니다.

청소를 마치고 집에 돌아온 혜진이는 할아버지에게 학교에서 있었던 일에 대해 이야기했습니다.

"혜진이는 아이들에게 인기가 많아서 좋은 면만 있는 줄 알았는데, 의외로 자기만 생각하는 면이 있더라고요."

"그래, 지난번에 할아버지가 사람에게는 장점과 단점이 모두 있다고 하

지 않았니? 혜진이의 좋은 점은 친구들의 말을 잘 들어주는 것이지만 단점은 편하고 쉬운 일만 한다는 것이겠구나. 그렇지?"

할아버지가 말했습니다.

"네, 맞아요. 그런 거 같아요."

"그렇다고 혜진이의 됨됨이에 대해 너무 실망하거나 섣불리 판단하지 말렴. 누구에게나 있을 수 있는 일이란다. 남의 장점을 보기보다 단점을 보는 게 더 쉬운 법이니까. 그래서 늘 단점은 묻어 두고 장점을 보려고 노력하는 자세가 필요하단다."

"네, 할아버지. 그런데 그게 맘대로 잘 안 돼요."

윤아는 시무룩하게 말했습니다.

"옛날에 공자께서 이런 말씀을 하셨단다."

모든 사람이 좋아하더라도 반드시 살펴야 하며 모든 사람이 미워하더라도 반드시 살펴야 하느니라.

"이 말을 잘 생각해 보렴. 많은 사람이 좋아한다고 해서 반드시 훌륭한 사람도 아니고, 많은 사람이 미워한다고 해서 반드시 나쁜 사람도 아니란다. 그렇기 때문에 항상 네가 직접 경험하고 겪어 본 뒤에 좋고 나쁨을 판단해야 하는 것이지."

할아버지가 말했습니다.

"아, 그렇군요. 그런데 사람들은 보통 남이 좋아하면 자기도 좋아하고 남이 싫어하면 자기도 싫어하잖아요."

윤아가 말했습니다.

"그래, 그런 것 때문에 학교에서 친구들을 따돌리는 현상이 생기는 거란다. 예를 들어 어떤 한 친구가 윤아를 싫어하게 되고, 그것을 다른 친구들에게 전염병처럼 옮기면 어떻게 되겠니? 다른 친구들은 분위기에 휩쓸려서 윤아를 따돌리게 될 거야. 그러다 보면 결국 윤아는 친구들 사이에서 왕따가 되겠지. 사실 왕따를 시키는 이유는 누가 정말 싫어서가 아니라 왕따를 시키지 않으면 자기도 왠지 왕따가 될 것 같아서 그러는 거니까 말이다."

"네, 할아버지 말씀이 정말 맞아요. 우리 반 애들도 그래요. 학기 초에 진선이라는 아이가 아무 이유도 없이 왕따를 당했었거든요. 그때 분위기에 휩쓸려서 동참한 친구들이 많았어요. 지금은 다시 잘 지내고 있지만요."

윤아는 눈을 휘둥그렇게 뜨고 손뼉을 치면서 할아버지의 말에 동감했습니다.

"그러니까 윤아 너는 많은 사람이 좋아하거나 싫어해도 따라 하지 말고, 네가 직접 경험한 뒤에 잘 판단하도록 하렴. 어려운 일이지만 노력하면 잘 할 거라고 할아버지는 믿는다."

할아버지는 윤아가 올바른 판단을 할 수 있도록 알려 주었습니다.

"네, 할아버지 말씀이 무슨 뜻인지 알 거 같아요. 저도 노력할게요."

윤아는 할아버지의 말씀을 듣고 사람을 대할 때는 섣부르게 판단을 하는 것이 옳지 않다는 것을 깨달았습니다. 더불어 혜진이도 이해하게 되었습니다.

더 배우기

子曰, 衆好之, 必察焉, 衆惡之, 必察焉.
자왈 중호지 필찰언 중오지 필찰언

해석 공자께서 말씀하셨다. "모든 사람이 좋아하더라도 반드시 살펴야 하며 모든 사람이 미워하더라도 반드시 살펴야 하느니라."

한자풀이

7급

子아들 자

5급

必반드시 필, 惡악할 악/미워할 오

4급

衆무리 중, 好좋을 호, 察살필 찰

3급

曰가로 왈, 之갈 지, 焉어조사 언

사자소학 배우기

雖有他親수유타친이나　　　　비록 다른 친척이 있더라도
豈若兄弟기약형제리오　　　　어찌 형제간과 같겠는가?
兄弟和睦형제화목이면　　　　형제가 화목하면
父母喜之부모희지시니라　　　부모님께서 기뻐하시느니라.

셋, 말 한마디로 천 냥 빚을 갚는다

"윤아야, 지우개 좀 빌려 줄래?"
"응, 여기 있어."
윤아는 미선이에게 지우개를 건네주었습니다.
"근데 윤아야, 너는 왜 쉬는 시간에 친구들이랑 같이 놀지 않니? 가만 보면 늘 앉아서 책만 보는 것 같아. 친구들이랑 같이 놀기도 해야지~. 그렇다고 특별히 잘하는 것도 없으면서……."
미선이는 말끝을 흐렸습니다. 갑작스러운 미선이의 말을 듣고 윤아는 기분이 나빠졌습니다.
"그게 무슨 말이야?"
"아니 그냥 그렇잖아. 너는 수학이나 영어도 그렇고, 미술이나 음악도 어느 정도는 하는 거 같은데 그중에서 되게 잘하는 건 없으니까. 내 말이 틀려?"

"그래, 네 말이 맞긴 해. 그래도 그런 얘기를 이렇게 하면 기분이 나쁘잖아."

윤아는 얼굴이 굳은 채 말했습니다.

"기분 나빴다면 미안해. 난 그냥 별생각 없이 한 말이었어. 네가 놀지도 않고 쉬는 시간에 만날 책만 보니까."

미선이는 말을 마치고 친한 친구들이 몰려 있는 교실 뒤쪽으로 갔습니다. 윤아는 미선이의 말에 마음이 아팠습니다. 그렇다고 일부러 친구들과 어울리지 않고 책만 본 것도 아닌데, 미선이가 그렇게 말하는 것을 이해할 수 없었습니다.

"엄마, 제가 그렇게 잘하는 게 없나요?"

윤아는 집에 와서 현관문을 열자마자 다짜고짜 엄마에게 물었습니다.

"그게 무슨 뚱딴지같은 소리니?"

"그냥요. 저 잘하는 거 진짜 없어요?"

"아니, 우리 윤아가 잘하는 게 얼마나 많은데! 공부도 열심히 하고, 책도 많이 읽고, 어른들에게도 깍듯이 대하고, 다른 사람을 배려하는 마음도 크고……."

엄마는 윤아의 장점을 하나하나 말해 주었습니다.

"그런데 우리 반 미선이가 저한테 특별히 잘하는 게 없다고 하는 거예요. 수학이나 영어를 잘하는 것도 아니고, 예체능을 잘하는 것도 아니라면서요."

"그랬어? 엄마 생각에는 미선이라는 아이가 우리 윤아를 부러워해서 그런 것 같은데?"

엄마는 윤아의 등을 어루만지며 위로의 말을 했습니다.

"아니에요, 엄마. 미선이의 말투나 표정은 안 그랬어요. 절 부러워하기보다 약간 한심하게 여기는 것 같았다고요."

윤아는 마음이 쉽게 가라앉지 않았습니다. 이때 엄마와 윤아의 대화를 듣고 있던 할아버지가 윤아에게 말했습니다.

"우리 윤아가 친구의 말 한마디 때문에 마음이 많이 상했구나. 그만큼 말의 힘은 강력한 거란다. 옛말에 이런 말이 있어요."

사람을 이롭게 하는 말은 솜처럼 따뜻하고, 사람을 해치는 말은 가시처럼 날카로워서, 남을 이롭게 하는 한마디 말은 중하기가 천금의 가치와 같고, 사람을 해치는 한마디 말은 아프기가 칼로 베는 것과 같다.

"말 한마디로 천 냥 빚을 갚는다는 말, 너도 잘 알지?"
"네, 유명한 속담이잖아요."
"사람이 내뱉는 말은 그 사람의 마음을 보여 주는 것과 같단다. 말은 한 번 하면 다시는 주워 담을 수 없기 때문에, 입 밖으로 내놓는 순간 어쩔 수 없게 되지. 미선이가 너에게 그런 말을 했다면 아마 미선이도 기분이 좋지는 않았을 거야."
"과연 그럴까요? 미선이는 전혀 신경 쓰지 않는 것 같았는데요."
"음……그럼 내일 학교에 가서 다른 친구들과 함께 있을 때 자연스럽게 미선이의 장점을 칭찬해 보렴. 아마 미선이는 속으로 왠지 모르게 뜨끔할 거야. 미선이는 너의 단점을 지적했지만 너는 미선이의 장점을 치켜세워 준 셈이 되니까."
할아버지는 윤아에게 좋은 방법을 알려 주었습니다.
"네, 말 한마디 때문에 사람이 얼마나 아플 수 있는지 미선이가 꼭 깨달았으면 좋겠어요."
윤아는 마음이 다 풀리지 않았지만 미선이를 용서하기로 했습니다. 그리고 자신이 아팠던 만큼, 다른 사람을 아프게 하는 말을 절대 하지 않겠다고 다짐했습니다.

더 배우기

利人之言, 煖如綿絮, 傷人之語, 利如荊棘, 一言利人,
이인지언　난여면서　상인지어　이여형극　일언이인
重值千金, 一語傷人, 痛如刀割.
중치천금　일어상인　통여도할

해석 사람을 이롭게 하는 말은 솜처럼 따뜻하고, 사람을 해치는 말은 가시처럼 날카로워서, 남을 이롭게 하는 한마디 말은 중하기가 천금의 가치와 같고, 사람을 해치는 한마디 말은 아프기가 칼로 베는 것과 같으니라.

한자풀이

7급
語말씀 어, 重무거울 중, 千일천 천

6급
利날카로울 리, 言말씀 언

4급
如같을 여, 傷상할 상, 痛아플 통

1급
煖따뜻할 난, 荊가시나무 형, 棘가시 극

특급
絮솜 서

사자소학 배우기

兄弟有善형제유선이어든   형제간에 잘한 일이 있으면
必譽于外필예우외하고   반드시 밖으로 칭찬하고
兄弟有失형제유실이어든   형제간에 잘못이 있으면
隱而勿揚은이물양하라   숨겨 주고 드러내지 말라.